ASAHI SENSHO
朝日選書
1040

「差別」のしくみ

木村草太

朝日新聞出版

はしがき

人を差別してはならない。それは、あまりにも当然な規範だ。しかし、何を差別として認識するかは、時代によって変化する。

20世紀の半ばまでの差別は、人種や性別によって、権利や自由を一切否定するものだった。例えば、アメリカでは、白人と黒人とは学校や乗り物など、あらゆる場面で分離され、黒人が受けられる公的サービスは、白人に比べて極端に劣悪だった。あるいは、多くの国で、女性に選挙権や職業選択の自由がないのは当然視されていた。ここでは、「差別されない権利」は、「人種や性別で区別されない権利」として使われた。

人種や民族で区別しないことは、個人を個人として扱うということでもある。このため、「差別されない権利」は、自由権や個人主義とも調和的だった。例えば、「職業選択において、男女の区別をしてはいけない」との主張は、「区別されない権利」からも、「職業選択の自由」からも導かれる。差別されない権利が、自由権と個人主義の帰結だと見られていたのも、自然なことだっただろう。

しかし、20世紀後半から21世紀に入ると、状況は複雑になる。この時期、法制度の上では平等になり、学校の入学資格や選挙の投票資格に区別は存在しなくなった。しかし、大学の入学者や選挙の当選者は特定の人種に偏り、女性の賃金は低いままだ。差別的な言動や嫌がらせも絶えない。「差別されない権利」を守るためには、単に「区別しない」だけでは足りない。大学入試では、特定の人種枠を設ける、女性受験生に加点するといった、積極的な対応が必要になる。雇用の自由を制限し、差別的対応をした雇用主に制裁を科さなくてはならない。政府は、ヘイトを含む表現の自由を規制し、差別解消のための広報に努めなくてはならない。

こうなると、「差別されない権利」は、自由権（表現の自由や雇用の自由）や個人主義（どの集団に属しているかは考慮せず、個人を個人として扱うべきという考え）と緊張関係に立つようになる。「差別されない権利」は、個人の権利ではなく、マイノリティという集団の権利と捉えるべきではないかという議論が説得力を持つようになる。

さらに、20世紀後半には、統計的差別の問題も加わった。一般論として、何らかの正当な目標を実現しようとするなら、人種や性別で区別するのは不合理なはずだ。例えば、優秀な弁護士の育成を目指すなら、あらゆる人に弁護士資格獲得の機会を与えるべきであり、人種や性別を理由にそれを制限するのは不合理だ。こうした前提による限り、「差別されない権利」は合理性のためにも必要だ、という議論ができた。

ところが、統計調査の手法が洗練され、情報処理技術の革新が生じた結果、人種や性別などの要素と、目的実現に関連する要素――例えば短期間で退職する可能性、犯罪の可能性、児童虐待を引き起こす可能性、警官に銃で撃たれて保険金を請求する可能性など――との統計的相関関係が立証できてしまう事態が生じるようになった。

こうなると、人種や性別などの要素による区別は、目的との関係で極めて合理的である、ということも起きてくる。ここに至り、「差別されない権利」を守るためには、「合理的であっても、差別はいけない」という議論が必要になった。

「差別されない権利」は、かつては、自由権・個人主義・合理性といった私たちの社会の基盤となる権利・理念とも矛盾せず、「区別をしてはいけない」という単純な主張を根拠づける権利だった。しかし、今日では、それらの権利・理念と緊張関係が生じ、権利の内容も複雑になってきている。

こうした問題意識の下、朝日新聞出版の雑誌『一冊の本』にて、差別に関する連載を書かせていただいた。差別とはどのような現象なのかを定義するところから始め、裁判所の判決や研究者の議論を紹介しながら、今日における差別されない権利の意義を検討した。

本書は、それをまとめたものだ。本書が、差別問題を考える際の羅針盤を提供できれば幸いである。

「差別」のしくみ／目次

「差別」のしくみ

木村草太

第1章　差別とは何か

はじめに

差別は狡猾だ。狡猾な相手と対峙するには、精緻な準備が必要となる。本書では、差別から個人を守るために必要な法理論を検討する。

「差別は許されない」ということには、ほとんどの人が賛同する。しかし、差別禁止の自明性に反比例するかのように、差別の定義は曖昧さを帯びている。これを恃《たの》みに、差別者はしばしば「差別の意図はない」と主張し、追及を逃れる。

法律家も差別概念の曖昧さに躓《つまず》いてきた。日本国憲法は、14条1項後段で「差別されない」権利を明文で保障する。当然のことながら、法律家の間でも、差別は禁止すべきものとされる。ただ、法学界でもその定義は難題で、「差別」の語が「区別」と同義に使われることもしばしばだ。

しかし、「差別」と「区別」とを同義とするのは、無理がある。なぜなら、法の世界では、有罪と無罪、権利者と無権利者、公人と私人といった区別は必須だからだ。もしも差別が区別と同義なら、「全ての差別を禁じる」というわけにはいかず、「許される差別」や「合理的な差別」という法概念を作らざるを得ない。しかし、「合理的な差別」が形容矛盾であることには、ちょっと考えれば気づくだろう。

となれば、まず、「差別」を正しく定義することが必要だ。本書も、ここから始めることにしたい。次の設例を分析しながら、差別の概念をつかんでいこう。

【設例】

ある公的機関の長であるY氏は、「女性は話が長く、会議の制限時間を無視するので、重要な役職に就けてはいけない」と主張し、実際にその通り行動した。

これが「差別」であることに異論はないだろう。では、Y氏の主張の問題はどこにあるのか。

1 偏見――誤った事実認識

あなたがY氏を糺《ただ》すなら、どうアプローチするだろうか。最初に思いつくのは、「女性は話が長い」

という「事実認識が誤っている」との指摘ではないだろうか。

常識的に考えて、話が長いか否かは「その人次第」であり、性別に依存するようなものではない。「その事実認識は、どのような根拠や統計に基づいているのか」とY氏に問うたところで、おそらく、ろくな根拠・統計は示されないだろう。こうした人間の類型に対する誤った事実認識のことを、偏見と呼ぶことにしたい。

しばしば、偏見と差別とは、同義で用いられる。確かに、誤った事実認識に基づく行動は、正しい行動に成り得ない。偏見に基づく行動が常に不正であるなら、差別の本質は偏見にあり、差別と偏見とを同義とする理解にも、一定の説得力がある。

しかし、仮に、Y氏が、性別による話の長さに関する統計等のエビデンスを持っていて、「話が長くなる確率は、話者が女性である場合の方が高い」という事実を立証したとしたら、どうだろうか。この場合には、Y氏の事実認識自体は正しく、先ほど定義した「偏見」にはあたらない。それにもかかわらず、「Y氏は差別をしている」と多くの人は考えるだろう。

そうだとすると、偏見と差別とにはずれがあるということになる。

2　類型情報無断利用──差別とプライバシー権

では、Y氏の言動が「正しい統計」等に基づいているにもかかわらず、「これは差別だ」と多くの人が考えるのはなぜなのか。それは、Y氏が、対象となる個人が持つ「女性である」という個人情報を当人の同意なしに利用しているからではないか。

現在では、個人情報の同意なき利用は、プライバシー侵害の典型例とされる。例えば、大学は、学生から住所や氏名、肖像などの個人情報を得る際、教育や施設管理など限定された目的で利用し、それ以外の目的に流用しないことを約束する。万が一、大学教授や職員が学生に対するストーキングのために個人情報を利用すれば、目的外利用であり、深刻なプライバシー侵害とみなされよう。

ここで簡単に、「プライバシー権がなぜ重要なのか」を確認しておこう。プライバシー権とは個人情報をコントロールする権利であり、具体的には、同意なしに個人情報を収集・(開示・公開を含む)利用・加工されない権利と定義される。この権利は、人間関係形成の自由を確保するために不可欠な権利であるがゆえに、重要とされている。

人間関係は、お互いの情報を交換し合うことで深まる。逆に、望まない人間関係を断つには、相手に自分の情報を与えないことが重要だ。例えば、新たな職場や学校に入ると、初めて出会う同僚たちとの情報交換が始まる。気の合う人たちは、名前だけでなく、それぞれの趣味や連絡先を教え合うだろう。そうでない人たちは、仕事や学校生活に最低限必要な情報を交換するにとどまるだろう。自分の育った家庭環境や、宗教・病歴・前科などセンシティブな情報は、よほど仲が深まってからでないと、通常は交換しない。もしも、望まない相手から突然連絡を受けたり、初対面の相手が自分の宗教や病歴を知っていたりしたら、誰だって恐怖を感じるだろう。

ところで、性別も個人情報の一種だ。性別は外見から把握しやすいため、私たちは、「相手の性別を把握し、それにより扱いを変えることは不正ではない」と考えがちだ。しかし、「ある人の対応を性別に応じて決定すること」は、個人情報の「利用」に含まれる。したがって、「私への対応を、性別に応じて決定すること」への同意なしに、性別によって対応を変えれば、プライバシー侵害となる。性別の他に、人種についても同様の問題がしばしば発生する。通常は、そのような同意を与えていない場合の方が多いだろう。つまり、人種や性別を雇用や昇進の考慮要素とすることは、多くの場合、個人の属する類型に関する情報の同意なき利用にあたる。このように考えると、当人が望まないであろう形で、性別や人種に基づく判断をすることが、重大な権利侵害を伴うことが分かる。

以下、これを類型情報無断利用と呼ぶことにしたい。

3　主体性否定判断――確率の塊としての個人？

類型情報無断利用は、プライバシー権の侵害として捕捉できることが分かった。では、プライバシー権を保障するために本人の同意さえあれば、差別問題は解消するのかと言えば、そうとも限らない。Y氏が、「信頼できる統計があり、また、当組織の女性からは、昇進について性別を考慮要素としてよいという同意を得ている」と主張したなら、周囲の人は、「いい加減にしてほしい」とうんざりはしても、「なるほど差別ではないですね！」と納得したりはしないだろう。

確かに、当人の同意があれば、形式的にはプライバシー侵害ではない。しかし、同意の要求に合理性が認められない場合、その同意の有効性には疑義が生じる。例えば、英語力が必要な職場で、TOEIC®や英検の得点を採用判断の考慮要素とすることには、合理性がある。したがって、その職場で働きたいと思う多くの人は、情報の提供に心から同意するだろう。

これに対して、性別を考慮要素とする同意の要求には、二つの問題がある。

一つ目は、不利益処遇への同意は、抑圧なしにはあり得ない、という問題だ。英語の点数は、他の候補者より得点が高ければ採用や昇進の理由ともなり、不利益処遇の判断だけに使われるわけではない。他方、Y氏の例では、「女性であること」は不利益処遇の根拠にしかならない。不利益処遇の根拠にしかならない個人情報の提供・利用に、心から「同意したい」と考える人は通常いない。

それにもかかわらず同意があったということは、同意の要求自体が相手を抑圧して行われたもので、不当である可能性が高い。

二つ目は、より根本的な問題で、職場でのふるまいを性別で予測することは、対象を自律的主体として扱っていない、という点で不当だ。近代的な法や倫理の下では、個人は、自律的に価値を形成し、行為を選び取る主体として尊重されねばならない。したがって、職場でのふるまいは、「性別による帰結」ではなく、あくまで、「自律的判断による帰結」として理解されねばならない。例えば、それまでの職場での実績や試験での努力（得点）といった、当人による過去の自律的判断や、その結果を基準に、当人の将来の行為を予測することは、個人の自律の尊重の原理に則したものと言える。他方、「A類型に属する者は、X％の割合でaという行動をとる」という統計を当てはめて行動を予測するのは、相手を賽の目やシュレディンガーのネコの微粒子のように、内在する確率に従うランダムな存在にすぎないとみなすもので、自律的に行為する個人として扱っていない。性別を根拠にした職場でのふるまいの予測は、個人の自律の尊重とはかけ離れた態度だ。

相手の意思を抑圧するにしても、相手を統計的に扱うにしても、その相手を自律的な個人として尊重することなく判断している点で共通している。これを、主体性否定判断と呼ぶことにしよう。

4　差別――価値観と感情

以上の通り、差別とされる行為を分析していくと、①偏見、②類型情報無断利用、③主体性否定判断という三つの問題があることが分かった。では、「①正しい事実認識を基に、②プライバシー権を侵害することなく、③個人の主体性を尊重する」という規範が実現されれば、「差別」の問題はなくなるのか。

実は、そうではない。①～③の問題を指摘されてもなお、Y氏は、「話の長さやその統計などはどうでもいい。実際のところ、私は女性が有力な地位に就くのは気に食わない。女性は男性に従属すべき、という私の価値観に反する」と言い出す可能性がある。

これは、事実認識とは異次元の、女性という類型自体に向けられた価値観や感情の表出だ。人はしばしば、他の人を人種や性別などを基準に類型化し、その類型に対して否定的な価値観や感情を持ち、それに基づき行為する。こうした価値観・感情・行為の問題は、「前提とする事実が真実であるかに配慮しましょう」「プライバシー権を大事にしましょう」「個人の主体性を尊重しましょう」といった規範や権利では、捕捉できない。

そうすると、本来なら自律的な個人として尊重されるべき相手に対して、類型的に向けられる否定的な価値観・感情・行為こそが、差別禁止規範の中核的対象であり、「差別の本体」だと言ってよいだろう。本書では、これを「（狭義の）差別」と呼ぶことにしたい。もっとも、ただ差別と言うだけでは、価値観や感情といった内面を指すのか、それに基づく行為を指すのかが分かりにくい。そこで、前者を「差別的価値観・感情」、それに起因する行為を「差別行為」と呼ぶことにしよう。

先ほど見た①～③の行為は、差別的価値観・感情を論理的前提とはしない。勘違いで偏見を持つこともあるし、企業の男性優遇の動機が、経営者の差別的感情の満足ではなく、純粋な経済合理性だという場合もあり得よう。しかし、多くの場合、①～③は、差別と結びついている。

まず、①誤った事実認識（偏見）は、正しい事実に触れれば修正するのが合理的だ。しかし、差別をする人は、しばしば、正しい事実を突きつけられても偏見を改めない。それは、偏見を維持した方が、差別的価値観・感情に適合的だからだろう。

また、②類型情報無断利用は、プライバシー侵害の一種だ。今日ではプライバシー権は非常に重要な権利とされているから、たいていの人は個人情報の無断利用に慎重になる。しかし、人種や性別を不利益処遇の考慮要素にする人は、それが配慮の必要なプライバシーであることを無視し、また、無視するのが当然と考えてしまう。相手の権利の軽視は、相手への軽蔑に起因するものであり、まさに差別だろう。同様に、③主体性否定判断も、相手を価値的に軽んじる態度があるとき、それを行う心理的なハードルが下がる。

もともと、①～③はそれぞれ、不合理ないし個人の権利を害する不当な行為である以上、仮にそれが差別に起因するものでなくても、是正されるべきだ。しかし、差別的価値観・感情と、①～③

の行為は深く結びついており、差別行為としての性質を持つ場合が多いことに注意を払うべきだろう。これらが狭義の差別と混同されてきたことには理由がある。

5　社会問題としての差別――差別の共有と差別利得

狭義の差別が、特定類型に向けられた否定的価値観・感情・行為であるとするなら、差別は、第一次的には差別を行う個人の問題だ。差別が個人的なものにとどまるなら、社会問題にはなりにくい。例えば、ある人が、「顔に五つ以上ほくろのある人間は劣っている」という差別的感情を持っていたとしよう。差別的感情が本人の内心にとどまる限りは、社会に何の影響もない。また、仮に、この人が企業の人事担当者で、ほくろの数を理由に採用を左右しようとしたとしても、上司や他の担当者が止めるだろう。差別が個人的な範囲にとどまる限りは、差別者が独裁者でない限り大きな問題にはならない。そして、独裁者の個人的差別は、「差別」というより「独裁」の問題だ。

しかし、厄介なことに、価値観や感情には、「他の人と共有したくなる」という性質がある。差別的価値観・感情も例外ではなく、差別的価値観・感情を持つ人は、他の人に働きかけ、それを広げようとする。差別が社会に広がると、社会の有力な地位が差別者で占められるようになり、法制度や慣習にも差別が取り込まれる。事ここに至ると、差別は深刻な社会問題となる。女性差別が当たり前の社会では、女性の選挙権が制限されても是正できない。在日コリアンへの差別が蔓延している状況では、政治団体や企業の幹部から在日コリアンが排除されてしまう。先ほど挙げた「ほくろ」のようなバカバカしい例ですら、国会議員の過半数がそのような差別的感情を持てば、洒落にならない帰結をもたらすだろう。

さらに厄介なのが、差別によって生じる利得だ。例えば、女性差別は、女性から雇用や収入を奪う一方で、男性の雇用機会や収入を上昇させる。政治の場面でも、特定の人種を締め出せば、それ以外の者が有力な地位を独占できる。あるいは、差別に迎合する作家は、差別者向けの著書や講演で高額な報酬を得たり、差別徒党の称賛で歪《いびつ》な自己実現を果たしたりできる。差別的発言をする政治家は、差別者からの投票をあてにできる。これが、嫌韓本や反ユダヤ言説が絶えない重大な要因であろう。こうした、差別が生まれることで得られる利得のことを差別利得と呼ぶことにしよう。

差別利得は、差別者を増やす。そして、差別者が増えれば増えるほど、被差別者を搾取できるようになり、差別利得も増える。さらに、差別利得は、差別拡大の悪循環を生む。こうして、差別は深刻な社会問題となり、差別される個人の脅威になる。

おわりに

本章の議論をまとめると、次のようになる。

【差別に関わる概念】

①偏見：人間の類型に対する誤った事実認識
②類型情報無断利用：人種や性別などの所属類型に関する個人情報の無断利用
③主体性否定判断：相手が自律的判断をする主体であることを否定する判断
④差別：人間の類型に向けられた否定的な価値観・感情とそれに基づく行為

一般に「差別」と言われる言動は、①偏見に基づく言動、②類型情報無断利用、③主体性否定判断のいずれかであることが多い。確かに、それらは問題を含み、権利侵害でもある。しかし、差別の本体とは言えない。

差別とは、人間の類型に向けられた否定的な価値観や感情とそれに基づく行動のことだと理解すべきだ。①～③は、差別に起因することが多く、それゆえ差別と混同されてきた。しかし、これらと差別は、概念的に区別しておくべきである。

差別が、個人の範囲にとどまれば、さほど大きな問題は生じない。しかし、差別は、差別利得を媒介に社会に蔓延することが多い。社会に広く差別的価値観・感情が蔓延すると、問題はより深刻になる。

以上で、概念の整理はできた。次章以降は、差別に立ち向かう法理論が、どのように形成されてきたのかを検討しよう。

第2章　差別を捉える四つの規範

はじめに

第1章では、差別の概念を整理した。差別とは、人間の類型に向けられた否定的な価値観や感情（差別的価値観・感情）と、それに基づく行為（差別行為）を意味する。①偏見（人間の類型に対する誤った事実認識）、②類型情報無断利用、③主体性否定判断は、しばしば差別と混同されるが、概念的には区別できる。もっとも、①〜③が差別的価値観・感情に基づく差別行為である場合も多い。そこで本章では、差別的価値観・感情とそれに基づく行為を「狭義の差別」、①〜③を含んだものを「広義の差別」と呼ぶことにする。

さて、差別のしくみを分析してみると、単一の規範では（広義の）差別解消が不可能であることが示唆される。例えば、「人は、正しい事実認識に基づき扱われるべき（偏見禁止の規範）」を徹底すれば差別は解消できる、と主張されることがある。しかし、これでは、差別的感情に基づく類型情報無断利用を捕捉できないことは、前章のＹ氏（統計を持ち出したケース）で見た通りだ。

また、一つの規範だけで差別を解消しようとすることには、逆方面での問題も発生する。それは、「いかなる場合も人間を区別してはならない」といった、過剰に強い規範を立てることになりかねないという問題だ。確かに、あらゆる区別を禁じれば差別は解消できるかもしれないが、それでは、「得点による大学入試の合否決定」や「刑事裁判での有罪／無罪の区別」まで禁止されることになりかねず、副作用が大きすぎる。

差別と対峙するには、複数の規範を連携させ、差別の本体を過不足なく捉える必要がある。そこで、今回は、差別が問題となるいくつかの具体例を挙げ、複数の規範を連携させる方法について検討していきたい。

1　差別を捉える4規範

差別の解消には、①人間の類型に対する誤った事実認識に基づいて判断してはならない（偏見の禁止）、②個人情報を無断で利用してはならない（類型情報無断利用の禁止）、③個人の主体性を尊重して判断しなければならない（主体性否定判断の禁止）、④差別的価値観・感情に基づき行為してはならない（狭義の差別の禁止）の四つの規範が必要だ。これらを合わせて、差別禁止諸規範と総称しておこう。それぞれの規範について、その根拠と注意点を整理したい。

（1）偏見の禁止

偏見の禁止については、特にコメントすべき点はない。誤った事実認識は、不合理や不正を導く。したがって、偏見に基づく行為は正当化できない。偏見が「仕方なかった」と言えるのは、その時点での科学の水準や情報に照らして、正しい事実認識に到達することが不可能だった場合に限られる。

（2）類型情報無断利用の禁止

第二に、類型情報無断利用が許されないのは、個人情報の目的外利用だからだ。類型情報無断利用の規範が浸透すれば、差別の問題は相当程度、改善できるだろう。これについては、注意点が二つある。

まず、目に見えやすい類型情報を無視するには、一定の訓練が必要だ。例えば、性的指向（異性愛者か同性愛者か）や遺伝子情報など、目に見えにくい個人情報は、それを取得したり、明かされたりしたときに、相当な注意が払われ、それを利用するときの緊張感も高まる。他方、人種や性別などは、肌の色や服装を見るだけでかなりの情報が伝わるため、相手に対する取扱いを決定する際に、当人がその情報を利用することに同意しているか否かを意識しにくくなる。類型情報無断利用の規範を浸透させるには、多くの人に情報取扱いに関する一定の訓練を行う必要があろう。

次に、個人情報利用に関する同意権は、絶対的に保障された権利ではない。例えば、犯罪捜査の場面では、厳密な要件・手続きの下、プライバシー権の制約が正当化される。「加害者は男性／女性だという有力な証言」や「犯人は白人／黒人だと特定できる監視カメラの映像」などがある場合、「男性／女性」や「白人／黒人」の容貌をした者を重点的に捜査することは許容される。同意なき個人情報利用を正当化する理由があるか否かは、個別に検討するしかない。

(3) 主体性否定判断の禁止

主体性否定判断の禁止は、個人の尊重から導き出される。主体性否定判断の典型は、「統計に基づく確率判断」だ。仮に「○○人は××人よりも犯罪率が高い」というデータがあったとしても、それを理由に、「この人は○○人だから犯罪をやる可能性が高い」と判断することは、犯罪をする／しないに関する当人の主体的な判断を尊重していない。

この規範については、その射程を正確に理解することが重要だ。主体性否定判断とは、当人が主体的・自律的に決定すべきことについて、自律的決定とは無関係な要素で予測・判断することを言う。この定義からすると、「主体的・自律的に決定すべき対象ではないこと」を予測・判断するために、当人の個性に着目したとしても、この規範には抵触しない。

例えば、どの程度の視力があるかは本人が主体的に決定できることではない。自動車運転に十分な視力があるかどうかを、視力検査の結果を基準に判定することは主体性否定判断とは言えない。もちろん、「両目ともに視力1・5以上」のような厳しすぎる制限は不合理だが、それは、「視力1・5未満の人には安全運転能力がない」という事実認識の誤りに起因する。これは主体性否定判断ではなく、危険に関する事実認識の誤りであって、①偏見の一種だ。

これに関連して、近年、遺伝子解析技術が発達したことで、特定の病気になりやすい遺伝子を持つ人について、発病率が高いことを理由に保険加入を拒否できるかが論点となっている。発病は本人の意思によるものではないから、遺伝子を理由とした発病率の予測は主体性否定判断ではない。しかし、病気になりやすい人ほど健康保険は重要だし、平等な医療アクセスは普遍的な権利であるべきだ。そうだとすれば、この問題は、差別ではなく、医療アクセス権（請求権の一種）の不当な侵害として扱うべきではないかと思われる。

他方で、その人が主体的に形成した意思や価値観に基づき将来の行為を予測することは、主体性否定判断にはならない。むしろ自律性の尊重だ。例えば、入学試験の小論文で勉学への強い意志を認定できたAについて、「Aは大学入学後も勤勉に学習に励むだろう」と予測することは、当人の主体的な意思決定を尊重する態度だ。あるいは、面接の結果、「周囲に迷惑をかけてでも楽をしたい」との価値観の持ち主だと判明したBを採用で不利に扱うことも、当人の価値観を踏まえたものとなる。

（4）差別の禁止

差別の禁止について重要なのは、それが価値観と感情の問題だという点だ。価値観や感情は、個人の内心で生じる。それぞれの人が自分なりの価値観を持つことは、思想・良心の自由として憲法で保障されるし、感情の発生は自分でコントロールしきれるものではない。このため、「個人は差別的価値観・感情を全く持ってはならない」とすることは、重大な自由の侵害だし、現実的でもない。

この規範が働くのは、差別的価値観・感情が公共空間に持ち込まれる場面だ。差別を理由にした取扱いは、相手の個性を無視して排除・攻撃するもので、常に主体性否定判断となる。また、差別は、差別する者にしか意味のない価値観や感情であり、全ての者に開かれ正当性を説明できるという意味での公共性を充たさない。政治や経済、法適用の場面に差別を持ち込めば、政治・経済・法が公共性を失ってしまう。

例えば、「この人は〇〇人だ」という理由で公務員採用を拒否することは、差別として禁止されるが、「この人は職務遂行に必要な学力が足りない」という理由なら差別ではない。あるいは、「この人は男性だから嫌だ」という理由で投票先を決めるのは差別だが、「この人は何度も公約違反をしてきて信頼できない」という理由なら差別ではない。

2　具体例の検討

さて、抽象的な議論をしていてもさっぱりイメージがつかめないだろうから、差別かどうかが問題となるケースに当てはめてみよう。

(1) 懲戒歴と再犯率・責任非難

文部科学省は2020年9月、わいせつ行為・性犯罪などによる懲戒免職で教員免許状が失効したことが分かるデータベースを、過去3年分から40年分に拡張させる方針を示した（日本教育新聞・2020年9月21日・電子版参照）。教員免許は、いったん失効しても、3年経過すれば再取得が可能だ。データベースが拡張されれば、教員採用者は、失効理由を確認するなど、採用にあたってより慎重な判断ができるようになる。これは、子どもの安全を確保する観点からは望ましいようにも思われるが、差別禁止の諸規範との関係で妥当と言えるか。

ここで問題となるのは、③主体性否定判断の禁止との関係だ。

データベース拡張の根拠としてしばしば指摘されるのは「再犯率」だ。「子どもに対して性犯罪をした者は、将来、同種の行為をする可能性が他の者よりも高い」ということは、統計的に示すことが可能だろう。しかし、例えば、「あるアニメのファンは、過去に性犯罪をした者と同じくらい犯罪率が高い」という統計が示されたとしても、そのアニメのファンだというだけで採用を拒否してよいはずがない。統計的には、ある属性を持つ人が、ある行動をとる可能性が高いとしても、人は自律的に判断する主体である以上、その主体性を否定した扱いをすることは許されない。

とすれば、採用拒否の根拠は、再犯率の高さではなく、性犯罪に対する責任非難と説明するのが妥当だろう。責任非難とは、主体的・自律的に行った行為について、その責任を負わせ、非難のための措置をとることを言う。責任非難の代表例は刑罰だ。本人自身の意思（故意）、あるいは、犯罪を避ける十分な注意を払わないこと（過失）によって、法益を侵害した場合にのみ、刑罰が科される。これを刑罰における責任主義と言う。

責任非難の方法は、刑罰に尽きるものではない。児童・生徒に対するわいせつ行為・性犯罪は、二度と教壇に立てないくらいの措置を正当化するだけの重大な責任を生じさせる、と理解するのは、厳しい判断ではあるが、十分にあり得るだろう。そして、そのような理由づけなら、差別や主体性否定判断にはあたらない。

（2）不合理な校則

近年注目が集まる中学校や高校の不合理な校則も、③主体性否定判断や④差別の禁止の観点から検討すると、理解が深まる。

多くの校則には、合理性がある。例えば、駐輪場のない高校で自転車通学を禁じることは、施設管理権の観点から必要でやむを得ない。喫煙や授業妨害（教員に対する業務妨害）を禁じるのも、単に違法行為の禁止を確認しているにすぎない。これらは、ルールの目的が明確で、それに違反するとどのような利益（施設管理権、当人の健康、業務の適正）が害されるのかも明確だ。

しかし、校則の中には、髪型や服装・下着の色の指定など、何のためのものかが分からないものも多い。こうした不合理な校則を説明するために持ち出されるのが、「非行の未然防止」という理路だ。つまり、髪を明るい色に染めること自体は、誰かの権利を侵害するものではない。ただ、髪を染める人の中には、その後、授業を妨害したり、他の生徒に対して暴行などの犯罪・不法行為をしたりするようになる人がいる。このため、具体的な権利侵害が発生する前の段階、すなわち、髪染めの段階で、それを止めさせ、もしも止めなかった場合には排除しておくのが安全だ、という説明だ。

しかし、このような説明に正当性があるわけがない。これは典型的な主体性否定判断だ。「髪を染める者は、暴行などを行う可能性が他の者よりも高い」という統計があっても、実際に暴行等をするかは当人の主体的な決断に基づく。髪を染めただけで、当人の意思を無視し、「犯罪・不法行為をする率の高い存在」として扱うのは、自律性の否定そのものだ。授業妨害や暴力を止めさせたいなら、そうした行為自体を処分の対象とすべきであり、かつ、それで足りるはずだ。

また、「校則違反の服装等をすると、喧嘩を吹っかけられるなど、非行に巻き込まれる可能性が高くなるから、本人を守るために校則を守らせる必要がある」と言われることもある。しかし、こうした主張は、性犯罪の被害者に対して、「あなたが派手な服装をしているから被害にあうのだ」と責めるのと同じ構造だ。悪いのは、服装を見て暴力を振るってきた加害者であり、学校や警察は、加害者に対して適切に処遇するのが筋だ。

さらに、髪染め等の校則は、学校を離れた一般社会においても、差別感情を煽る可能性がある。そうした校則は、「特定の服装や髪型、髪の色をしている者は悪い人とみなしなさい」とのメッセージを発信することになる。そうしたメッセージを受け取った人は、特定の髪型等の者への否定的な価値観を形成しないだろうか。つまり、不合理な校則は、差別の元凶ともなり得るのだ。

(3) 性的プライバシーのためのゾーニング

性的プライバシーのためのゾーニングも、差別禁止諸規範との関係で議論されてきた。公衆浴場やトイレでは、男性用と女性用を区分するのが一般的だ。また、介護や保育に関わる仕事では、異性よりも同性の介護士や保育士が好まれる傾向がある。性犯罪やセクハラの相談では、異性よりも同性の担当者の方が話しやすいだろう。

こうした対応は、「身体を見られる、触られる、といった性的プライバシーの開示は、異性に対する場合と同性に対する場合とで意味が異なる」という価値観を有している人が現に多いという事実を前提とする。身体の開示や接触を誰に対してどこまで許すかを決めるのは、個人のプライバシー権の対象だ。もちろん、性的プライバシーの感じ方は人それぞれであり、異性の前で着替えても気にならない人もいれば、同性のみでも公衆浴場は憚られるという人もいる。公衆浴場やトイレが男女別となっているのは、利用者の多くが有する「その空間を共有するのは同性に限定したい」との需要を反映したものであり、介護や保育の場面でも、性別に配慮した人員配置が行われたりする。これは、差別的な価値観ではなく、プライバシーに関する需要に応えてできたゾーニングだと理解できる。

もちろん、ゾーニングによって公共空間を全く利用できなくなるようであれば、そうした施設を利用するアクセス権の侵害にはなり得るが、その是正は、「だれでもトイレ」の拡充などによって対応すべき問題だ。また、今後、同性であっても性的プライバシーが気になるという人が増えれば、公衆浴場などは利用者の減少に伴って消滅し、個室化が進む可能性もある。

これに対し、「同じ人種でないと性的プライバシーを開示し難い」という価値観を持つ人は多くない。あえて、それに迎合するように、人種別のトイレやプールを設置することは、性的プライバシー権の尊重ではなく、施設設置者の差別感情の満足を目的としたものと評価されるだろう。施設設置者が公的機関であれば、それが許されないのは当然のことだ。民間施設の場合には、業法違反とされたり、利用規約等が公序良俗違反と判断されたりすることもあり得る。欧米では、人種による差別の禁止が法律で定められていることも多い。

おわりに

差別問題は、「それが差別なのか」ということ自体が論争になってしまうことも多い。こうした事態を避けるには、四つの規範を十分な注意を払って適用することが有用だ。今回は、懲戒歴を基にした再犯率の判断、不合理な校則、性的プライバシーのためのゾーニングに適用しながら検討した。

次章は、差別をする人のふるまい方について考えてみよう。

第3章　差別をする人はどんな行動をするのか？

はじめに

前章までで、差別の概念と、それをどのような規範で捉えるべきかを整理した。差別とは、狭義には、人間の類型に向けられた否定的な価値観・感情、そしてそれに基づく行為を意味し、広義には、①偏見、②類型情報無断利用、③主体性否定判断がある。差別的価値観・感情は、ヘイトスピーチやヘイトクライムなど直接的な行動を導くこともあるが、①偏見の強化や、②無神経な類型情報無断利用、③主体性否定判断などの形で現れることもある。

差別をする者には、独特の行動様式がある。デボラ・E・リップシュタット『否定と肯定』（原題 DENIAL : HOLOCAUST HISTORY ON TRIAL, 2005. 以下、同書の引用は邦訳・山本やよい訳・ハーパーＢＯＯＫＳ・２０１７年の頁数を示して行う）は、差別をする者が、何を目標とし、どのようなふるまいをするかを学ぶ格好の素材だ。本章は、これを参照しながら、差別をする者の行動について整理してみたい。

1　アーヴィングvsリップシュタット

リップシュタット教授は、アメリカのジョージア州エモリー大学で現代ユダヤ史・ホロコースト学を講じる歴史学者だ。『否定と肯定』は、教授が戦った名誉毀損訴訟の記録である。

１９９３年、リップシュタット教授は、『ホロコーストの真実　大量虐殺否定者たちの嘘ともくろみ（DENYING THE HOLOCAUST: THE GROWING ASSAULT ON TRUTH AND MEMORY）』を出版した。ナチス・ドイツによるユダヤ人の大量虐殺（ホロコースト）は、ゆるぎない歴史の事実であるにもかかわらず、それを否定したり、矮小化したりしようとする言説がうずまく。『ホロコーストの真実』は、ホロコースト否定論者の言説を分析する。同書には、日本におけるホロコースト否定論の紹介もある。今から30年ほど前の記述ながら、日本の経済状況が悪くなり、スケープゴートを必要とするようになれば、日本でもホロコースト否定論の受容者が増えていくだろうという不気味な予言も書かれている。

『ホロコーストの真実』の中で、デイヴィッド・アーヴィング氏が紹介された。氏は、ナチス・ドイツに好意的な著書を数多く出版していたイギリス人作家で、ラジオ番組で同席したホロコースト生存者に「その入れ墨でいくら儲けたんです?」と聞くような人物だ(『否定と肯定』81頁)。ユダヤ人に対する差別発言も多い。

1995年秋、『ホロコーストの真実』の出版元ペンギンブックスからリップシュタット教授に手紙が届く。同書の記述に目を留めたアーヴィング氏が、自らを「ホロコースト否定者」呼ばわりしたのは名誉毀損だと主張し、告訴すると言っている、との内容だった。リップシュタット教授は、最初はただの脅しと感じて無視したが、翌1996年秋、アーヴィング氏が、ロンドンの高等法院に教授とペンギンブックスを被告として損害賠償を請求する訴訟を起こそうとしている旨の連絡があった。

アーヴィング氏がイギリスを裁判地に選んだことには、理由がある。アメリカでは、連邦憲法第1修正で表現の自由が手厚く保障されている。この権利を守るため公刊物などに示された公的言論への批判は、原告側が、被告側の「現実の悪意」、つまり虚偽だと分かっていたのに、あるいは事実かどうかに関心を持たずに、名誉を毀損したことを立証しない限り、損害賠償が成立しない。これに対し、イギリス法では、被告側が真実に基づく批判だったことを立証しなくてはならない。

リップシュタット教授は、大変に面倒な訴訟を戦わなくてはならなくなった。訴訟に必要な準備は膨大で、優秀な弁護士、多くの専門家証人の協力を得るための費用も莫大だった。この困難な訴訟をいかに戦ったかは、ぜひ、教授自身の『否定と肯定』を読んでほしい。結論だけ述べると、高等法院での裁判は2000年1月に始まり、4月11日に教授の全面勝訴判決が出た(Irving v.

Penguin Books Limited, Deborah E. Lipstadt, EWHC QB 115, 11th April, 2000. 以下、高等法院判決)。

2　事実の無視：常に一方向

差別をする者は事実を無視する。これが、リップシュタット教授の裁判から学ぶべき第一の点だ。第1章でも指摘したように、差別は、差別対象への誤った認識つまり偏見を強化し、正しい事実を突きつけられても、それを拒否する態度を引き起こす。こうした態度は、「○○人は他の人種に比べ犯罪をする傾向が強い」とか、「女性は仕事ができない」といった偏見に限らない。歴史的な事実、医学的な知見や経済現象、法律の内容など、あらゆる事実認識は差別により歪められる可能性がある。

もちろん、誰しも不注意やうっかりミスによる誤りはあるだろう。ただ、単なる不注意・ミスなら、誤る方向はランダムになるはずだ。これに対し、差別による場合には、偏りが生じる。

この裁判で専門家証人となったケンブリッジ大学のリチャード・エヴァンズ教授は、アーヴィング氏の著書について「単なるミスというにはあまりにも多すぎる。しかも、つねに、あるひとつの方向へ進んでいくように思われる。〝ヒトラーに責任はなかった〟という方向へ」と述べたという（1

03頁)。判決も、「全てのアーヴィングの歴史的『誤り』は、全てアドルフ・ヒトラーの罪を否定する傾向を持ち、アーヴィングのナチス指導者への党派心の反映だという意味で、同じ点に収束しているというエヴァンズにより示された見解に説得力がある」と述べた(高等法院判決13.142)。

事実の無視は、ささいな不注意・ミスでも起きる。差別かどうかを判定するために大事なのは、誤りの方向だ。例えば、ある箇所では犠牲者の数を過大に、別の箇所では過少に計算していたなら、ただの不注意かもしれない。しかし、常にヒトラーの責任を否定する方向に誤るなら、本人が差別を否定したとしても、背後にユダヤ人差別があると評価せざるを得ない。

3　制度の濫用：リーガルハラスメント

第二に重要な点は、差別をする者は制度を悪用することだ。これは、訴訟をハラスメントの道具にするところに現れている。

アーヴィング氏は、リップシュタット教授を訴える以前にも、自らを批判した者に訴訟を起こしている。アーヴィング氏は一連の著書の中で、ナチス・ドイツに同情的な一方、ウィンストン・チャーチルをはじめ連合国の首脳を強く非難している。1967年出版の『航空機事故：シコルスキー最高司令官の死』もその一冊で、ポーランド亡命政府の初代首相ヴワディスワフ・シコルスキー氏は、チャーチルの命令で暗殺されたと主張した。しかし、暗殺命令の証拠は全くなく、他の作家から批判された。アーヴィング氏は、批判者を名誉毀損で訴え、敗訴したという（55頁）。著書の証拠書類が存在しないことは、書いた本人が一番よく分かっているはずだ。それにもかかわらず、氏は訴訟を起こした。

また、歴史学者ジョン・ルカーチ氏は、１９９７年にアメリカで『歴史のなかのヒトラー』を出版し、アーヴィング氏を「言い訳がましい」「復権主義者」「悔い改めることなきヒトラー崇拝者で、資料の出典を歪曲」と酷評した。ルカーチ氏にも、同書をイギリスで出版したら、リップシュタットとペンギンブックスに行ったのと同様の措置を講じるつもりだという手紙がアーヴィング氏から届いたという（１００頁）。

根拠薄弱な訴訟を起こすこと自体が、相手方に大きな負担を強いるハラスメントだ。さらにアーヴィング氏は、訴訟手続きにおける尋問も、自らの目的に活用しようとした。専門家証人エヴァンズ教授が証言台に立ったとき、アーヴィング氏は、教授が労働党支持者で党派的な論評をしているのではとほのめかしたり、被告側から莫大な報酬をもらったのではと嫌味を述べたりした。さすがに、チャールズ・グレイ裁判官は、低次元の論争を止めるようたしなめた（３７３頁）。主張内容の検証ではなく、その属性や経済的利益に関連する誹謗中傷を始めるところも特徴と言えよう。

4　差別利益と陳腐な言い訳：極右集会への出席と少数民族の雇用

第三に重要な点は、アーヴィング氏がホロコースト否定論を広めることで、精神的・経済的利益を得ていた点だ。

アーヴィング氏は多数の著作を発表し、それにより利益を得ている。さらに、判決によれば、1980年代の半ばから彼の活動は活発化し、アメリカ・カナダ・ドイツなどの政治的・準政治的集会に積極的に参加し講演している。その内容は親ナチ・反ユダヤ的で、それを喜ぶ人たちが集まっている（高等法院判決13.162）。そこでは称賛も得られるだろうし、報酬も払われるのだろう。典型的な差別利益の享受だ。

第四に、アーヴィング氏は法廷で、「少数民族」の「女性」を白人と変わらない「正規の給料」で雇っていることを強調し、自分は人種差別主義者ではないと繰り返した。こうした言い訳は、アメリカのレイシストの常套句とされる「I have a black friend」と同じで、差別をする者がよく行うものだ。仮に氏の言い分が事実だとしても、ホロコーストを「神話」だと言ったり（60頁）、ユダヤ人を悪徳金融業者だとほのめかしたりしたこと（241頁）が正当化されるわけではない。『否定と肯定』の中では、他にも、アーヴィング氏の見ていて心が痛む差別発言がいくつか紹介されている。

5 「両論併記」：土俵に立つこと自体が目標

最後に、この訴訟は、私たちが差別と対峙するとき何に気をつけなければならないかを教えてくれる。

この訴訟の対象になった『ホロコーストの真実』は、印象的なエピソードから始まる。あるとき、テレビ番組のプロデューサーが、リップシュタット教授にホロコースト否定論者とテレビ討論してくれと持ちかけた。まともな研究者からすれば、「ホロコーストの存在」は討論の対象になるようなものではない。日本史に例えれば、「東条英機が実在の人物だったかどうかをディベートしてくれ」などと言っているようなものだ。

しかし、ホロコースト否定論者は「討論」や「両論併記」を熱望する。なぜか。研究者との「討論」が組まれたり、「両論」として併記されたりすれば、「ホロコースト否定論は研究者がまじめに討論するに値する見解だ」という印象を作り出すことができるからだ。ホロコースト否定論は、学問的に見れば「およそまともでない戯言」にすぎない。しかし、討論の場に登場できれば「尊重に値する見解」との印象を人々に与え、中には、その主張に惹きつけられる人も現れるだろう。リップシュタット教授は、否定論者にとって、まともな研究者と対等な土俵に上がることができれば、それで目的達成なのだと鋭く指摘する。

さらに、討論の場で、研究者のささいな間違いや驚きや怒りからくる失言を引き出すことができれば、これ以上ない成功になる。他方、否定論者は、もともと社会的信用などないから、どんなに間違いを指摘されようと、はしたない行動をとろうと、全く失うものがない。

こう整理すると、教授に討論を依頼したプロデューサーがいかに危険で、失礼なことをしているかが分かるだろう。

他方、リップシュタット教授を支えた弁護団は、「法廷で教授とアーヴィング氏を対峙させない」という方針を貫いた。教授は聡明で弁の立つ研究者であり、証言台に立てば素晴らしいスピーチをするだろう。しかし、それをすれば、原告の質問に教授が答えなくてはならなくなる。アーヴィング氏の目的は、真実の探求ではなく揚げ足取りだから、教授が答えに戸惑うような細かい、あるいは意味不明の質問をしてくるだろう。そして、教授が言いよどんだり、黙ったりすれば、法廷の外で、それを徹底的にあげつらう。弁護団は、その危険をよく分かっていて、教授に法廷で話すことを禁じたのだ。

不注意なテレビプロデューサーと弁護団の対比には、差別と対峙する上で非常に重要な示唆がある。本書で何回か指摘してきたように、差別は、事実を無視する動機になる。事実を無視する者は、真実を探求することに興味はなく、虚偽の事実をいかに効率的に広めるかを考える。まともな研究者との「討論」や「両論併記」に紛れ込むことは、その絶好の手段だ。

だからこそ、差別をする者との「討論」「両論併記」には慎重でなければならない。メディアも、差別をする者や差別主義者との「討論」や「両論併記」は極めて危険であり、差別扇動への加担になりかねないという緊張感を持つ必要がある。メディアの役割は、教授の弁護団がやったように、差別の加害者と被害者・支援者を切り離し、適切な議論のフォーラムを作ることだ。

6　差別との対峙の仕方

ここまで見てきたように、差別をする者や差別主義者には、独特の行動様式がある。これを理解せずに差別と対峙することはできない。改めて整理しておこう。

第一に、差別をする者に正しい事実を認識させることは、非常に難しい。もちろん、誤った事実認識が、単なる誤解なのか差別による歪んだ認識なのかを見分けるのは困難だ。だから、誤解を解く努力は必要だ。しかし、ある時期以降のアーヴィング氏のように、差別が背景にある可能性が高い場合には、目標設定を、誤った発言をする当人の認識を正すことではなく、その扇動が成功しないように周囲の人に訴えることにすべきだろう。

第二に、制度の濫用は深刻だ。訴訟という制度がある以上、日本でも、差別を背景にしたスラップ訴訟やリーガルハラスメントは起き得るし、実際に起きている。裁判を受ける権利は、憲法で保障された権利だから、その制限には慎重でなければならない。とはいえ、そうした訴訟制度の濫用を防ぐための法理や訴訟制度は整えていく必要がある。

第三に、差別を本気で止めさせようとするなら、差別で利益を得ることに厳しい社会を作り上げなければならない。差別をする者の中には、「差別によって生計を立てている人」「差別で議席を得ている政治家」もいるだろう。差別は、価値観や感情といった精神の領域だけの問題ではなく、経済的利益が絡んでいることを適切に認識すべきだ。

第四に、差別をする者を被害者と対等な場に置いたり、差別と非差別を「両論併記」したりすることは厳に避けなくてはならない。リップシュタット教授は、『否定と肯定』を次のように結んでいる。差別を扇動する者に対して私たちは徹底的に戦わなくてはならない。「しかし、戦いのなかで敵に根源的な重要性を与えてはなら」ず、「戦うときは彼らに道化の衣装を着せるか、もしくは、彼ら自身の手で着るように仕向けなくてはならない」（542～543頁）。

おわりに

アーヴィング氏は高等法院の判決を受けて控訴をしたが、控訴院は簡単にそれを退けた。『否定と肯定』は2016年に映画化もされた。素晴らしい映画で、日本でも公開され、DVD等も発売されているので、関心を持たれた方はぜひ見てほしい。

私は、映画公開時のPRに協力した関係で、リップシュタット教授と対談させていただく機会を得た。教授は、エネルギーと正義感に溢れた尊敬すべき研究者で、話すことが好きそうな人物だった。弁護団に法廷で話すことを禁じられたことには、さぞかしフラストレーションがたまっただろう。

彼女に、「差別者と対峙するため、私たちは何をすべきか?」と問うたとき、ニッコリ笑って「それはタフなクエスチョンです。アメリカにその問いを持ち帰ります」と答えてくれたのは、良い思い出だ。

第4章　差別と憲法の歴史①
――アメリカの奴隷解放

はじめに

人々の間で差別的価値観・感情が生まれることそのものを防ぐのは難しい。しかし、国家には人々の権利を守る義務がある。差別があれば人々の権利は守られないから、国家には、人々の差別的価値観・感情が差別として現れるのを防ぐ責任がある。

憲法は、伝統的に、国家による差別の禁止に重大な関心を払ってきた。さらに、私人による差別を解消するため、現在も、差別禁止のための憲法理論は発展し続けている。

本章から第8章までで、憲法上の差別禁止規範の歴史を整理してみたい。まず、差別問題について長い積み重ねのあるアメリカ憲法の歴史を見ていこう。

1　差別への対応1：人間の定義と身分の平等

（1）身分制とアメリカ独立宣言

1776年、アメリカの植民地13邦は、イギリスからの独立宣言を発表した。イギリスはこれを許さず、独立戦争が始まる。ジョージ・ワシントン将軍指揮の下、欧州諸国の支援を得て、アメリカが勝利し、1783年のパリ条約でアメリカ合衆国の独立が認められる。1787年には、連邦憲法が起草され、翌1788年に発効条件を充たした。

この憲法は、「第1編・立法部、第2編・執行部、第3編・司法部、第4編・州際関係等、第5編・改正、第6編・最高法規、第7編・成立手続」からなり、個人の権利保障規定がなかった。当初の想定では、各州が国家権力の主たる担い手とされ、連邦にはさほど大きな権限を与えないので、連邦が個人の権利の脅威となる可能性は低いと考えられたからだ。しかし、各州での連邦憲法承認プロセスの中で、連邦による権利侵害への警戒が高まった。そこで、個人の権利を保障する修正条項が発議され、1791年に第1～10修正が成立した。これらの修正条項は、権利章典（Bill of Rights）と呼ばれる。

アメリカ独立宣言には、「全ての人は生まれながらにして平等である（all men are created

equal)」という有名な一節がある。また、連邦憲法第1編第9節8項は「合衆国は、貴族の称号を授与してはならない」と、近代憲法の歴史の中で極めて重要な「国民の身分の平等」の原則を定めた。

前近代国家では、人々が異なる身分を持つことが当然視されていた。ここに言う身分とは、様々な権利を持つ資格のことだ。権利を持つ資格は、法律専門用語で「権利能力」と呼ぶ。貴族や聖職者と平民・農民とでは、保有し得る権利が根本から異なっていた。例えば、土地を所有できるか否か、土地の庇護のために裁判を受ける権利を持てるか否か、都市の自治に参加できるか否か、といったことは身分の有無によって決せられた（勝田有恒他編著『概説西洋法制史』ミネルヴァ書房・2004年・第6章参照）。

近代国家の特徴は、全ての人に平等な「国民の身分」が与えられ、誰もが共通の権利を保有し得るところにある。アメリカは、この理念に忠実に独立宣言を書き、憲法に貴族制の禁止を盛り込んだ。前近代の身分制は、低い身分の者を高い身分の者よりも価値的に劣ったものと位置づけて初めて成立する。つまり、差別的制度そのものだ。これを解消した近代国家の理念は、差別禁止の最も重要な出発点を示している。

アメリカの身分制の廃止が、世界史的に見ていかに画期的かを理解するには、他国の歴史を見ればよい。ヨーロッパの国々で貴族制が廃止されるのは、19世紀末から20世紀に入ってから、日本で貴族制が廃止されたのは、日本国憲法14条2項が施行された1947年だ。

（2）奴隷制

もっとも、アメリカの身分の平等には重大な例外、奴隷制があった。

アメリカに初めて黒人奴隷が連れてこられたのは17世紀前半。当時は、隷属的な労働力としては、黒人奴隷よりも、イギリスからの年季奉公者の方が多かったという。年季奉公者とは、アメリカへの渡航費用を前借りし、労働での返済を義務づけられた者たちだ。17世紀後半から18世紀前半になると、年季奉公者よりも奴隷の数が増えていき、そのための法制度の整備も進む。当時の法では、奴隷として扱われるのはアフリカから連れてこられる黒人たちとされ、母親が奴隷の場合には子も奴隷とされた。この時期に、奴隷を「人」ではなく「物」とみなす考え方が定着する。例えば、ヴァージニアでは1705年法で奴隷を「不動産」、1748年法では「動産」と位置づけた（能見善久「奴隷と法と裁判　第3回：南部の代表　ヴァージニアの奴隷制度」『書斎の窓』675号・2021年参照）。

奴隷制は、建国当初からアメリカ政治の重大問題だった。連邦憲法を読めば、「奴隷制は違憲ではないのか」という疑問が生じるのは当然だ。連邦憲法は、権利章典で宗教活動の自由・表現の自由（第1修正）、法の適正な過程によらず生命・自由・財産を奪われない権利（第5修正）などを保障している。常識的に考えて、人を奴隷の身分に置くことはこれらの権利の全否定であり、違憲の誹りは免れない。

ところが連邦最高裁は、アメリカ判例史上、最も悪名高い1857年のドレッド・スコット判決(Dred Scott Case, 60 U.S. 393, 1857)で、奴隷制違憲説を完全に否定した。この判決では、1820年に制定された、北緯36度30分以北の自由州での奴隷所有を禁止するミズーリ互譲法の合憲性が問題となった。ドレッド・スコット氏は、自由州(イリノイ州、ウィスコンシン準州)に移り住み、奴隷身分から解放されたことの確認を求め訴訟を提起した。この事件はいくつかの段階を踏んで、連邦最高裁に係属した。

連邦最高裁は、黒人は「従属的で劣った部類の存在とみなされてきた」のであり、アメリカ市民ではないから、連邦裁判所に訴えを起こす権利はなく、連邦最高裁はこの事件に管轄権を持たないとして、氏の主張を退けた。さらに、ミズーリ互譲法は、「奴隷主の財産権を侵害する」もので違憲無効だとも述べた。現在の目から見ると、連邦最高裁の論述は到底、妥当なものとは評価できない。

(3) 奴隷解放宣言と第13修正

もちろん、アメリカ国民にも良心がなかったわけではない。建国当初から、奴隷制は人倫に悖《もと》る制度だから廃止すべき、との声はあった。ミズーリ互譲法も、奴隷解放派の努力の成果の一つだ。19世紀前半になると、北部の自由州と南部の奴隷州、奴隷制の廃止派と維持派は激しく対立した。ドレッド・スコット判決は、この対立をさらに深める結果をもたらした。

この判決から約4年後の1860年11月、大統領選でエイブラハム・リンカーンが当選した。リンカーンは奴隷制に批判的で、彼を候補とした共和党も奴隷制拡大禁止を綱領に入れた。これに反発した奴隷制強硬派のサウスカロライナ州が同年12月に連邦を脱退すると、南部の奴隷州も次々に離脱し、南部連合を形成した。1861年3月に、リンカーンが大統領に就任。4月12日には、南部連合が連邦のサウスカロライナ州チャールストンにあるサムター要塞を攻撃し南北戦争が始まった。戦争は長引いたが、人口や工業力に勝る連邦は次第に優勢になっていく。1865年4月9日、南部連合は連邦に降伏した。

南北戦争中の1863年1月1日、リンカーン大統領は奴隷解放宣言を出した。さらに、1865年1月31日には、連邦議会が奴隷解放宣言を憲法修正条項として発議した。連邦憲法の修正には、連邦を構成する州の4分の3の承認が必要だ。同年12月6日、奴隷制廃止のための憲法修正は、奴隷州が脱退する中、必要な州の承認を得て第13修正として成立した。これは次のような条文だ。

【連邦憲法第13修正】

第1節　奴隷制および自らの意に反する苦役は、犯罪に対する処罰としてその当事者に対し適正に有罪判決がなされた場合を除き、合衆国またはその権限に服するいっさいの地において、存在してはならない。

第2節　連邦議会は、この修正条項をそれに適した立法によって実施する権限をもつものとする。

この修正条項は、「何人も、いかなる奴隷的拘束も受けない。又、犯罪に因る処罰の場合を除いては、その意に反する苦役に服させられない」と定める日本国憲法18条の淵源でもある。

この憲法修正により、ドレッド・スコット判決は意味を失い、南部諸州もこれを承認しない限り連邦に復帰できなくなった。これでようやく、アメリカ全土の個人は全てアメリカの国民として平等な身分を持つことになった。

以上の経緯は、差別解消のために何よりもまず必要なのは、対象を人間と認識することだ、ということを示している。いかに「人間はみな平等だ」とスローガンを掲げても、個人を他人の財産とみなすルールがあれば、いかなる苛烈な扱いも可能になってしまう。また、人間とみなされても、権利を得られなければ意味がない。権利を得る資格である平等な身分もまた、差別解消の出発点として重要だ。

現代では、さすがに奴隷制は絶対悪として扱われており、「人間なのに人間として扱われない」ことはリアルに想像できないかもしれない。しかし、排外主義者が、外国人や特定の民族を虫や汚物に例える、といった例はいくらでも見つけることができる。人間の定義と身分の平等が差別解消の出発点にあることは忘れてはならない。

2　差別への対応2：権利の列挙

（1）1866年公民権法

南北戦争後、アメリカは（南北戦争からの）再建期と呼ばれる時代に入る。ここでは、解放奴隷への差別をどう防ぎ、禁じるかが大きな課題となった。

1866年4月、連邦議会は解放奴隷に保障すべき権利を列挙した「1866年公民権法」を制定した。同法はまず、「連邦に生まれ、外国の管轄権に服さない者は、非課税ネイティブアメリカンを除き、連邦の市民である」と宣言し、1に見た「人間の定義と身分の平等」を確認する。

続いて、同法は、「いかなる人種・肌色でも、かつて奴隷・強制労働の状態にあったか否かに関係なく」「いかなる州、連邦の領域においても」「契約の締結と執行、訴訟を起こすこと、訴訟当事者となること、証拠を提出すること、相続、購入、貸借、販売、所有、不動産・動産の譲渡、人身と財産の安全のための法律と訴訟の完全かつ平等な利益」について「白人と同等の権利を持つ」と規定する。さらに、刑罰・制裁も平等でなければならないとする。条文を読むと、解放奴隷が、民事法や刑事法において白人と平等な権利を持つことが強調されているのが印象的だ。

もっとも、権利は、ただ持っているだけでは絵に描いた餅にすぎない。権利を実現するには、訴訟当事者となる資格が不可欠だ。そこで、この法律では、訴訟に関する権利にも力点が置かれ、第2節以下では、詳細に解放奴隷の訴訟に関する権利や連邦裁判所の管轄権が定められている。

（2）第14修正

1866年公民権法は制定されたものの、その実施に向けた道は平坦ではなかった。アメリカは連邦制をとっており、国家権力の担い手は、原則として各州となる。連邦は、連邦憲法で明記された権限しか行使できないのだが、当時の連邦憲法には、「連邦は、解放奴隷の権利保護のための権限を行使してよい」などという規定は存在しなかった。このため、1866年公民権法は違憲ではないかという疑義が呈されることになった。

この疑義を払拭するため、連邦議会は、1866年6月13日、憲法修正案を発議する。これが第14修正だ。この修正は、1868年7月9日に承認された。その条文は次のようなものだ。

【連邦憲法第14修正】

第1節　合衆国内で誕生しまたは合衆国に帰化し、合衆国の権限に服する者は、合衆国の市民であり、かつその居住する州の市民である。州は、合衆国の市民の特権または免除を制約する法律を制定または実施してはならない。州は、何ぴとからも、法の適正な過程によらずに、その生命、自由または財産を奪ってはならない。また州は、その権限内にある者から法の平等な保護を奪ってはならない。
第5節　連邦議会は、この修正条項をそれに適した立法によって実施する権限をもつものとする。

第1節の文言は、1866年公民権法を強く意識したものとなっている。まず、連邦に生まれた全ての者を「市民」とし、人間というカテゴリーから排除されないようにしている。そして、「刑罰や制裁（生命・自由・財産の剝奪）」と「法の保護」の両面で平等を規定する。

第5節の文言は、まさにこの修正が作られた理由であり、連邦議会が解放奴隷の権利保護の権限を持つことが規定される。

（3）第15修正と1875年公民権法

1866年公民権法と第14修正は、黒人に保障されるべき権利を列挙し、それを保護するための連邦の権限を明記した。これは、そこで列挙された権利を保護するという範囲では、強い力を発揮する。しかし、同時に、そこで列挙されていない権利の侵害には無力である。

まず、1866年公民権法にも第14修正にも、黒人の選挙権について明文がない。現在の解釈では、第14修正が保障する平等権は選挙の場面にも適用される。しかし、制定当初の第14修正の平等条項は、警察や司法による「権利保護」の平等を定めた規定とされ、選挙権には射程が及ばなかった。

このため、連邦議会は、1869年2月26日、第14修正に続き、黒人の選挙権を保障する憲法修正を発議し、1870年2月3日に第15修正として成立した。これは次のような条文だ。

【連邦憲法第15修正】

第1節　合衆国または州は、合衆国市民の投票権を、その人種、体色または前に奴隷であったことを理由として奪いまたは制限してはならない。

第2節　連邦議会は、この修正条項をそれに適した立法によって実施する権限をもつものとする。

こうして、選挙権については解決したものの、第14修正で列挙された権利からは零れ落ちたままの権利があった。それは、公権力ではなく、私人による差別を受けない権利だ。そこで、1875年、連邦議会は、人種・肌色・かつて奴隷であったか否かにかかわらず、全ての人がホテル・劇場や公共輸送機関において完全かつ平等な権利を有すると定めた新しい公民権法を制定した。これは1875年公民権法と呼ばれる。

1875年公民権法は、「何人も」この法律で書かれた権利を侵害してはならないと規定していた。この法律が有効なら、鉄道などの車両を人種で分離することはできないはずだ。ところが、188

3年、連邦最高裁は、Civil Rights Cases, 109 U.S. 3, 1883において、同法の「何人」宛に義務づけた部分を無効とした。第14修正は「州」による権利侵害を禁止するのみで、私人による権利侵害については何も述べておらず、連邦議会は「何人」宛に差別を禁じる立法権を持たないというのがその理由となっている。

おわりに

差別解消には、①権利を持つ資格としての身分を平等に与え、②権利を実現する手続きを整え、③それぞれの人がどのような権利を持つかを示す必要がある。第13修正に続き、適正手続きや権利保護の権利を規定した1866年公民権法と第14修正、選挙権を保障する第15修正が制定されたのは理に適っている。ただし、この権利列挙による差別解消は、明文に示されない権利や利益には射程が及ばないという弱点もある。1875年公民権法の顚末は、そのことをよく示している。

では、この弱点をどのように克服していけばよいのだろうか。次章は、再建期以降のアメリカの平等権の判例理論の発展を追いながら、この点を考察したい。

※連邦憲法の訳文は、田中英夫他編『BASIC　英米法辞典』（東京大学出版会・1993年）によった。

第5章　差別と憲法の歴史②
——分離すれど平等

はじめに

エリザベス・キューブラー・ロス『死ぬ瞬間』（最新の邦訳として鈴木晶訳・中公文庫・2020年がある）は、人間は死に至るまでに、①否認、②怒り、③取引、④抑うつ、⑤受容の5段階を辿ると論じた。

人間は、間近に死が迫ると、まずは、①「こんなに健康に気をつけてきた自分が病気なはずがない」などと否認する。次いで、②「なんで死ななければならないんだ」と怒りを発する。やがて、怒ってもどうしようもないことに気づき、③「せめてこの仕事をやり遂げるまで延命できないか」などと取引しようとする。そして、④万策尽きてうつ状態になる。ここで終わってもよさそうだが、最後に、⑤死を潔く受け入れる澄んだ境地に至る。

差別をする人のふるまいにも、同様の現象が見られる。差別は倫理的に最低の行為とされるから、

「自分が差別をしている」という事実は〈倫理的な死〉とも言うべきものだ。差別を指摘された人は、まず、①「あの人種は人間じゃない」とか「セクシャルマイノリティなんて本人の思い込みにすぎないだろう」などと否認する。次いで、②マイノリティや支援者に怒りをぶつけるように攻撃し、自分に理がないことに気づき始めると、③「ここまでの権利なら認めてもいい」と取引したりする。

アメリカの黒人差別の歴史を振り返ると、南部連合は、①「黒人は市民でないから奴隷にしても差別にあたらない」と否認するところから始まり、②それが通らないと分かると、内戦（南北戦争）で怒りを爆発させた。では、南北戦争で北部が勝利し、奴隷が解放された後、どのようなことが起きたのか。これが本章のテーマだ。

1　差別への対応3：一般平等条項

（1）再建期から人種分離へ

連邦軍が次々と南部の占領を進める中、解放奴隷にも選挙権を認めるのか、プランテーションでの労働力を奴隷に頼らずにどう確保するのか、連邦への忠誠をどのくらい要求するのか、解放奴隷を保護するために連邦はどこまで州に介入するのか、といった様々な課題が生じた。南北戦争後には、これらの課題と向き合いながら、連邦の再建が進められた。この時代のことを「再建期」と言う。

1865年4月9日、ロバート・E・リーが降伏し南北戦争が終結する。その6日後、リンカーン大統領が暗殺され、アンドリュー・ジョンソン副大統領が大統領に昇格した。ジョンソンはテネシー州選出の上院議員だったが、同州の連邦離脱後も連邦を支持し、リンカーンの信頼を得た人物だ。もっとも、急進的な奴隷解放派ではなく、「連邦の権限行使は最低限にとどめるべきだ」と、保守的な憲法解釈を好んだ。これに対し、共和党急進派は、連邦が南部諸州に積極的に介入し、黒人保護を進めようとした。このため、ジョンソンと共和党急進派は、たびたび対立した。前章で紹介した1866年公民権法にも、大統領拒否権（大統領は連邦議会の立法に拒否権を行使できる。ただし、連邦議会は3分の2の特別多数で再議決して拒否権を破ることができる）を行使している。

連邦に残ったリンカーンの腹心ですらこの有様なので、再建期の南部で黒人保護がスムーズに進むわけがなかった。1868年の大統領選では、南部諸州で再建反対派による熾烈な暴力が行われた。人種差別主義者の団体であるクー・クラックス・クラン（KKK）の暴力が盛んになったのもこの時期だ。選挙妨害のための殺人すら横行した。しかし、こうしたテロリズムは大勢には影響を与えず、選挙では共和党のユリシーズ・S・グラント候補が当選した。

グラント大統領は強化された連邦権限を積極的に行使し、選挙不正防止のために連邦軍を派遣したり、KKKの運動を連邦の実力で抑えつけたりして、解放奴隷の保護や黒人選挙権の確保に力を入れた。他方で、強化された連邦権限は、連邦政府の汚職や腐敗にもつながった。グラントは政権の要職を縁故で選び、鉄道建設に関わる汚職事件に絡んだりもした。

再建期の南部諸州では、北部からの移住者（Carpetbagger）が黒人有権者に支えられて共和党政権を作る例が多かった。南部での黒人保護は、拡大された連邦権限や選挙権を背景に、急進的かつ強権的に進められた。

しかし、再建期は長くは続かなかった。当初は、グラントの南部への連邦軍派遣は強く支持されたものの、やがて過剰介入の批判を受けるようになる。１８７６年の大統領選は、連邦派の共和党候補ラザフォード・B・ヘイズと南部の州権限を尊重すべきとする民主党候補サミュエル・J・ティルデンが激しく争った。選挙人投票では、ヘイズ１６５票・ティルデン１８４票となり、残るフロリダ・ルイジアナ・サウスカロライナ・オレゴンの計20票の認定で論争が起きた。その際、全てをヘイズ票とするのと引き換えに、連邦軍を南部から引き揚げさせる妥協が成立する。一般に、これが再建期の終了と言われる。

南部諸州では、黒人差別を継続するため、公共施設での黒人の排除や分離が進められた。それらの根拠法となる州法は、「ジム・クロウ法」と呼ばれる。ジム・クロウは19世紀に流行したミンストレル・ショーでの歌に由来する黒人の蔑称の一つだ。

（2）一般平等条項の成立

こうした社会状況の中で、連邦最高裁は差別問題に対してどのような態度をとったのだろうか。

前章で見たように、連邦憲法には第14修正で「平等保護条項」が導入され、その第1節には「州は、その権限内にある者から法の平等な保護を奪ってはならない」（訳文は前章に引き続き、田中英夫他編『BASIC　英米法辞典』東京大学出版会・1993年による）という規定がある。この平等保護条項は、どのように使われたのかを見てみよう。

現在、立憲主義的な憲法には、国民や全ての人の平等を規定した一般平等条項が盛り込まれることが多い。例えば、日本国憲法14条1項は「すべて国民は、法の下に平等」、ドイツ連邦共和国基本法3条1項は「全ての人は法律の前に平等である」と規定する。フランス人権宣言1条、イタリア共和国憲法3条、大韓民国憲法11条などにも同内容の規定がある。

これらに対し、連邦憲法の第14修正の文言は、「平等」ではなく、「法の平等な保護」を規定しているのが独特だ。前章で述べた通り、第14修正は、1866年公民権法に合憲性を与えるために制定された。1866年公民権法は、黒人に対して裁判や警察によって保護される権利を保障する法律だ。つまり、第14修正は、個人・国民の一般的な平等を保障する目的で制定されたわけではなく、「保護」への権利を保障しようとした条項だった。

連邦最高裁も、第14修正制定当初は、平等保護条項の射程を制定の趣旨通りに限定して、解放奴隷に対する裁判や警察的保護を保障したにとどまる規定と解釈した。しかし、平等保護条項は、時代が下るにつれ射程を広げていく。その背景には、経済界からの需要があった。

19世紀後半、アメリカは産業革命期に入り、全国に鉄道網が敷かれ、都市化・工業化が進んだ。アメリカの各州は、急速な経済活動拡大を統制するため、様々な州法を制定した。その中には、特定の業種にだけ厳しい規制を課したり、特別な損害賠償責任を課したりするものがあった。狙い撃ちにされた企業は、州法の不平等さを訴え、平等保護条項違反を主張した。

連邦最高裁は、当初は、「保護」への権利と関係ない経済規制に修正14条を適用することはできないとしていた。しかし、1880年代に入ると、同条項は「同一状況にある者を同一に取り扱わなければならない」ことを規定したものだと解釈されるようになり、経済規制分野の不平等を、この条項を根拠に是正できるようになった。19世紀後半の平等保護条項を扱った連邦最高裁判例を見ると、大半は経済規制絡みで、人種差別問題を扱ったものはごく少ない。連邦最高裁の解釈により、アメリカの平等保護条項は、保護の平等条項から、一般平等条項に変化したと言える。

（3）一般平等条項による差別解消

一般平等条項は、差別解消のためにも重要だ。というのも、前章で見たように、個別に権利を列挙する方式では、そこに列挙されていない権利の差別は是正できない。これに対して、一般平等条項なら、どんな分野であろうと「不平等」があれば是正できる。

例えば、1886年のイック・ウォ対ホプキンス裁判（Yick Wo v. Hopkins, 118 U.S. 356, 1886）では、木造建築物での洗濯業について、中国系移民に全く許可が出されないことの平等保護条項適合性が争われた。ここで問題となった権利・利益（洗濯業の営業）は、第14修正制定当初に想定された「保護」の概念には含まれない。しかし、連邦最高裁は、同じ状況にある他の者は許可を得られているのに、中国系移民だけが許可を得られていないのは、中国系移民の人種・国籍への敵意以外に理由を説明できない不当なものだとして、平等保護条項違反を認定した。

こうして見ると、一般平等条項の威力は強大だ。一般平等条項さえあれば、差別的な立法への対応は十分に見える。しかし、話はそう単純ではなかった。

2　一般平等条項の意義と限界

(1) 合理的根拠のない区別の禁止

まず、一般平等条項とは、どのような内容の条項と解釈されるのか、改めて整理してみよう。

法律は、一定の法的要件を一定の法的効果に結びつける「法命題」を単位に作られる。例えば刑法235条は、「他人の財物を窃取した」という要件を、「十年以下の懲役又は五十万円以下の罰金」を科す刑罰権が発生するという効果に結びつけている。強盗罪（刑法236条）や殺人罪（同199条）の規定なども同様で、こうした法命題が集まり、刑法という法典を作っている。

あらゆる法命題は、特定の要件を充たした者だけに特別な効果を発生させるという意味で、「区別」を行っている。平等は最も広い意味では「区別しないこと」を意味するが、人を「区別しない」法律はあり得ない。そこで、一般平等条項は、「あらゆる区別を禁止した条項」ではなく、「合理的な根拠のない区別」の禁止条項と解釈されるのが普通だ。

一般平等条項の下では、法律の内容やその適用に関する区別の不合理性が疑われたとき、まず、国や当局の側に「区別の理由や根拠」の説明が求められる。それが、邪悪な動機や個人の思い込み・感情などである場合、あるいは、客観的に見て説得力に欠ける場合には、不合理な区別として、一般平等条項違反が認定される。イック・ウォ判決はその典型だ。国家による区別が行われるとき、理由を説明させ、合理性のない区別を是正すること。これが憲法の一般平等条項の存在意義と言える。

また、一般平等条項は、人種・性別・身分・思想などあらゆる理由による差別に適用されるのはもちろん、選挙権や裁判を受ける権利、経済活動の自由や学問・芸術の活動、宗教活動など、区別がある限り、あらゆる分野にまで及ぶ。つまり、この条項から導かれた「合理的根拠のない区別の禁止」は、あらゆる法分野について国家に説明責任を課し、その区別の不合理を解消する力を持つ。

(2) 合理的根拠論の限界──「分離すれど平等」

もっとも、「合理的根拠のない区別の禁止」要請にも弱点がある。それは、差別立法は、よほど極端なものでない限り、合理的な根拠を述べることはできてしまうという点だ。

例えば、女性の労働を制限したり、弁護士や会計士、国会議員になる資格を制限したりする立法があったとする。これについて「女性の身体を激務から守るため」と、聞こえの良い説明をすることはできてしまう。もちろん、その説明は詭弁であり、背後に強い女性差別がない限りそのような立法はなされないのだが、「合理的な根拠の説明をせよ」という要請だけでは、その差別性を追い詰めきれない。

19世紀末、連邦最高裁でも、一般平等条項としての平等保護条項の限界が露呈する判決が出た。1896年のプレッシー対ファーガソン裁判（Plessy v. Ferguson, 163 U.S. 537, 1896）では、鉄道における白人専用車両と有色人種専用車両との分離を命じた州法の平等保護条項適合性が問題となった。判決は、なんとこの人種差別立法を合憲と結論した。その理由は、人種分離が、人民の慣習や伝統の尊重、そしてそれを踏まえた鉄道内の快適さや公衆安全に資するから、というものだった。

こうした、「ジム・クロウ法による人種分離は平等保護条項に反しない」との法理を「分離すれど平等」と呼ぶ。19世紀末から20世紀初頭にかけて、この法理がアメリカで確立してしまった。プレッシー判決には、「もっともらしい理由が表明されると、それ以上は追及できない」という「合理的根拠のない区別の禁止」要請の欠陥が、あまりに分かりやすい形で示されている。

（3）片面的説明

また、「合理的根拠のない区別の禁止」要請には、不合理な区別でも片面的説明によって、「説明したふり」ができてしまうという重大な欠陥もある。

片面的説明とは、次のような手法だ。法律が設ける区別は、〈①Aにはaという効果を与え、②Bにはaという効果を与えない〉という形式をとる。このとき、①の理由だけを説明し、②の理由を全く説明しないことがある。これを片面的説明と言う。例えば、親が2人兄弟の兄だけに飴を与えたとしよう。このとき、弟が「なんで僕にはくれないの？」と不平等を主張したのに対して、親が「お兄ちゃんは頑張ったから」とだけ説明する。この説明は、②弟に飴を与えない理由を全く説明していないにもかかわらず、合理的根拠を説明した雰囲気を作ってしまう。

こうした現象は、日本の司法の場面でも実際にしばしば見られる。例えば、2015年の第一次夫婦別姓訴訟の最高裁判決（最大判平成27年12月16日民集69巻8号2586頁）では、「夫婦は、婚姻の際に定めるところに従い、夫又は妻の氏を称する」と定めた民法750条の合憲性が問題となった。この条文により、①同氏を受け入れたカップルは婚姻できる一方、②同氏を受け入れないカップルは婚姻できない、という区別が生じている。

一般平等条項（憲法14条1項）ではなく、婚姻の平等条項（同24条）に関する判断としてではあるが、判決は、この不平等について、「夫婦が同一の氏を称することは」「家族という一つの集団を構成する一員であることを、対外的に公示し、識別する機能を有している」とし、「家族を構成する個人が」「一つの集団を構成する一員であることを実感する」意義もあると説明した。

これは典型的な片面的説明だ。確かに、夫婦が同氏にすれば、氏を通じて、その夫婦が婚姻していることを示すことができるし、家族の一体感も高まるかもしれない。しかし、それは①同氏希望夫婦に対して同氏による婚姻を認める理由にすぎず、②別姓希望カップルを婚姻させない理由にならない。別姓希望カップルは、現行法の下で、別姓のまま現に事実婚として生活している。同氏でないことを除けば、家族の実態は同じなのに、民法750条のせいで、婚姻の効果を享受できず、家族関係が戸籍に記載されない。むしろ、別姓でも一つの家族の構成員であることを戸籍に記載して、対外的に公示した方が、家族関係の識別機能としては優秀だろう。また、別姓希望カップルに法律婚の選択肢を与えた方が、別姓家族の一体感は高まるだろう。

この片面的説明による正当化は、2021年6月23日の第二次夫婦別姓訴訟の大法廷決定でも維持されている。

おわりに

権利そのものを否定することは、奴隷制が禁じられた以上無理だ。そこで、再建期以降のアメリカ南部では、人種差別的な白人と黒人の分離が進められていく。これは差別を批判された側が、「これくらいなら許されるだろう」と「取引」を行っているように見える。

この取引の論理は巧妙で、平等保護条項を使っても是正できなかった。では、これをどのように解決していくべきなのか。次章は、その問題を扱いたい。

第6章　差別と憲法の歴史③
——差別的意図の禁止

はじめに

以前、ヨーロッパのスポーツ選手が日本人に対して差別的な暴言を吐く動画が注目を集めたことがある。非難を浴びた当人は、「自分はあらゆる人に暴言を吐くから、日本人だけを差別したわけではない」という趣旨の弁明をした。

この弁明は、差別と平等の微妙な関係をよく示している。差別感情に基づくヘイトスピーチは、全ての民族に対して「平等に」ヘイトスピーチを行うことでは解消しない。差別的行為を止めさせなくてはならないのだ。

一般平等条項は、差別そのものを禁じる条項ではない。平等の実現を通じて、差別を解消しようとする規定だ。このため、前章で見たように「分離すれど平等」の法理の成立を許した。今回は、それがどう克服され、また、克服後に何が起きたのかを検討してみたい。

1　分離すれど平等の克服

（1）高等教育における人種分離の解消

前章で紹介したように、19世紀末のアメリカでは、学校、公共交通機関、水飲み場やトイレなどの公共施設で人種分離が行われ、連邦最高裁はこれを合憲と判断していた。しかし、20世紀半ばに入ると、司法も人種分離に厳しい視線を向けるようになる。

人種分離の解消は、高等教育機関から始まった。１９３８年のミズーリ州・ゲインズ対カナダ事件（Missouri ex rel. Gaines v. Canada, 305 U.S. 337, 1938）では、ミズーリ大学法科大学院への黒人の入学拒否が問題となった。当時、ミズーリ州は人種別学政策をとっており、大学も例外ではなかった。黒人用のリンカーン大学には法科大学院がなかったため、上訴人ゲインズ氏はミズーリ大学の法科大学院に入学しようとしたが、黒人であることを理由に拒否された。分離すれど平等の法理の下でも、黒人に進学機会を与えないのは「平等」に反し違憲となる。そこでミズーリ州は、リンカーン大学を通じ他州の法科大学院に進学すれば授業料を負担する措置を提案した。この措置が合憲と言えるかが争われた。

連邦最高裁は、連邦憲法第14修正の平等保護条項は、各州が州の管轄内で平等な措置をとるべきとしており、他州での法科大学院進学機会を設けるだけでは、州が平等保護条項に基づく責任を果たしたとは言えないとして、違憲の判断を示した。この判決では、黒人用と白人用の法科大学院をそれぞれ設ければよいとしており、その意味で「分離すれど平等」の法理の枠内にある。しかし、「平等」の内容を厳しく審査することで、一定の成果を上げた。

１９４０年代に入ると、法科大学院などの高等教育機関で、施設や蔵書などの有形要素が厳密に比較されるようになり、白人用の学校と黒人用の学校とは「平等でない」という論理で、人種分離が平等保護条項違反だと評価されるようになっていった。

(2) ブラウン判決

高等教育機関の場合、ある学校と別の学校が「同等」でないことは、有形要素を比べることで比較的簡単に立証できる。現代でも、例えば、東京大学と東京都立大学では、図書館の蔵書数や教員数、実験設備や学部の数などが「異なる」ことを立証するのは容易で、仮に「ある人種はどちらかの大学しか受験できない」というルールを設ければ、簡単に不平等を認定できるだろう。その意味で、まず高等教育機関の分離解消から進んだのは不思議ではない。

他方、初等・中等教育機関は、かなりの程度、画一化されているため、建物・教科の数・教師の資格や給与といった有形要素での不平等を認定し難い。しかし、それでも不平等があるのではないか。

この点が問題となったのが、1954年のブラウン対トピーカ教育委員会事件（Brown v. Board of Education of Topeka, 347 U.S. 483, 1954）だ。当時、南部のほぼ半数の州の州法は、公立学校で白人と黒人の別学を定めていた。黒人のブラウン氏は、平等保護条項違反を主張して、学区の教育委員会を提訴した。下級審は、右に見た有形要素の平等を認定し、「分離すれど平等」の法理により、合憲の結論を出した。

これに対し、連邦最高裁は、「同年齢の他の者から分離し、人種にのみ基づいて分類することは、彼らの共同体における地位に関する劣等感を発生させ、それは彼らの心と精神に取り返しのつかない影響を与える」と指摘し、人種別学を平等保護条項違反とした。分離教育が黒人グループの劣等感を発生させる点に着目して、初等・中等教育を含むあらゆる学校の人種分離を違憲としたことは、非常に画期的だった。

（3）分離は不平等の法理

ブラウン判決のポイントは、分離自体が有色人種への劣等感を発生させる差別的制度だと認定した点にある。この認定を前提にするなら、分離が平等であることはあり得ず、あらゆる人種分離は平等保護条項違反となる。この判決以降、連邦最高裁は、ビーチや公園、バスなどの公共輸送機関での人種分離を次々に違憲と判断し、「分離すれど平等」の法理は克服された。

アメリカの一般平等条項の成立と、「分離すれど平等」の法理の展開は、現代の問題を考える上でも示唆がある。近年、人権保障を国家の基本原理とする立憲主義諸国では、同性愛者の婚姻を法制化する動きが進んでいる。この動きにはどこの国にも反対派がいて、それに妥協するため、同性婚をシビルユニオン、ＰＡＣＳ、パートナーシップなど異性婚とは別の制度として定める場合がある。それらは法的効果の上では異性婚と大差ないものの、「同性婚は本当の婚姻ではない」というメッセージを発信するために作られたと言っても過言ではない。

もちろん、同性婚が一般的でなかった時代に、先駆的に同性婚制度を導入した国では、そうした妥協は経過措置として有益だった可能性もある。しかし、世界的に同性婚の法制化が進んだ現代では、もはやそのような段階を経る必要はないだろう。日本で同性婚を導入する際には、わざわざ異性婚と別制度として設けることは「分離すれど平等」の一種で、平等権（憲法14条１項）違反と評価すべきだ（同性婚については第15章と第23章で扱う）。

2 「洗練された」差別の登場

（1） 差別的平等措置と間接差別

差別は、何よりも感情の問題だ。他方、憲法や判決は、人の感情を直接動かすものではない。

ブラウン判決以降も、差別感情を持つ人々は様々な形で差別を続けようとした。「分離すれど平等」の法理が克服されたので、あからさまに人種を要件として区別することはできない。そこで現れたのは、人種分離をしていた施設を丸ごと閉鎖してしまう措置だ。このような、差別の対象に利益を与えないために、全ての利益提供を平等に廃止してしまうことを差別的平等措置と呼ぶことにしよう。

この典型例が、1971年のパルマー対トンプソン事件（Palmer v. Thompson, 403 U.S. 217, 1971）だ。この事件では、裁判所から市営プールの人種分離解消を命じられたミシシッピー州ジャクソン市が、市営プールを全面閉鎖してしまった。経緯からして、差別的な動機に基づくものとしか考えられないものの、この措置は誰かと誰かを区別しているわけではない。このため、連邦最高裁は不平等を認定せず、平等保護条項違反とはしなかった。

さらに、差別的意図で、差別の指標とは別の差別的帰結が出やすい指標で区別することも発生した。これは、間接差別と呼ばれる。

有名なのは、1976年のワシントン対デイヴィス事件（Washington v. Davis, 426 U.S. 229, 1976）だ。ワシントンDCの警察官採用試験では、黒人の不合格率が白人に比べ高く、差別が疑われた。しかし、連邦最高裁は、「人種的に不均衡な帰結だけでは、法令を違憲にできない」として、平等保護条項違反を認めなかった。

（2）差別的意図に基づく措置の禁止

1970年代以降、アメリカでは、差別的平等措置や間接差別といった平等保護条項の要請をすり抜けようとする「洗練された」差別が登場することになった。こうした「洗練された」差別を解消するには、形式的な人種間の不平等を禁止するだけでなく、「差別的意図に基づく立法をしてはならない」という規範を確立する必要がある。

これを連邦最高裁が実現したのが、1982年のロジャーズ対ロッジ事件（Rogers v. Lodge, 458 U.S. 613, 1982）だ。この事件では、ジョージア州バーク郡を統治する郡政委員会のメンバー5人を選ぶ選挙の方式が問題となった。バーク郡の有権者は、黒人がかなり多くを占めるものの、白人が僅差で過半数を占めていた。郡を複数の選挙区に分割し、各選挙区から1人を選出する小選挙区制にすれば、黒人有権者が過半数を占める地区ができる可能性もある。あるいは、郡全体を選挙区として5人を選出する大選挙区制とし、かつ、単記制にすれば、黒人の支持を集めた候補も当選できる可能性が高い。しかし、この事件当時、バーク郡は、メンバー5人をそれぞれ別個の役職と位置づけ、郡全体でそれぞれの役職者を個別に選挙する方式を採用していた。このため、黒人人口の多さにもかかわらず、黒人候補が郡政委員会のメンバーに当選したことはなかった。連邦最高裁は、このような選挙方法が黒人の影響力を減じるためになされていると認定し、差別的意図を認定した連邦地裁の判断を支持した。

同様に、1985年のハンター対アンダーウッド事件（Hunter v. Underwood, 471 U.S. 222, 1985）でも、「道徳的に堕落した」罪で有罪とされた者の公民権を停止する法律が、黒人差別の意図に基づくものとして、平等保護条項違反とされた。

差別的意図に基づく措置の禁止は、1980年代以降、重要な法理となった。ただ、差別的意図の認定は難しく、アメリカの裁判所でも差別的意図を理由に差別的平等措置や間接差別が違憲とされた例は少ない。

3 分離自体の悪性

(1) 厳格審査基準の採用

差別的意図の法理と並んで、アメリカの裁判所では、人種による区別は疑わしいものと扱い「厳格審査基準」の対象とする理論が発展した。厳格審査基準とは、アメリカ憲法訴訟の用語で、①合憲性が問題となる規制・区別の目的の重要さと、②その規制・区別が目的達成に役立っているか、より制限的でない手段がないかを、厳しく審査する基準を言う。裁判でこの基準が適用された場合、その規制・区別の合憲性を立証するハードルは極めて高くなる。

連邦最高裁が、人種による区別に厳格審査基準を適用することを宣言した事件としては、1964年のマクローリン対フロリダ事件（McLaughlin v. Florida, 379 U.S. 184, 1964）が著名だ。当時、異人種間の婚姻や性交渉を禁止する州があった。連邦最高裁は、異人種間の未婚同棲を禁じるフロリダ州法について、人種に基づく分類は「疑わしい区別」であり、「最も厳格な審査」を適用して合憲性を判定すると宣言し、州法を違憲とした。

これ以降、人種による区別一般が疑わしい区別であり、厳格審査の対象になるとの理論が定着した。厳格審査基準は、しばしば「致命的な基準」とも呼ばれ、これが適用されると合憲の結論はほとんど出ない。1960年代以降、人種で区別したというだけで、ほぼ平等保護条項違反の結論が出るようになったと言っても過言ではない。

(2) アファーマティブアクションと厳格審査

もっとも、あらゆる人種による区別を禁止すると、いわゆるアファーマティブアクションを採用できなくなる。アファーマティブアクションとは、差別を受けてきた人種や性別の人々を、大学などの合否判定や企業の幹部人事の際に優遇したり、公共契約の相手方を選ぶときに優先したりする措置を言う。差別を受けてきた人々が、社会的に高い地位に就く事例が増えれば、同じ境遇にある人々が社会進出しやすくなる。また、大学や企業でも、構成員の多様性が確保され、学問研究や企業経営にも良い影響が出る可能性もある。

1970年代以降、アメリカでは、大学等で差別解消や多様性確保を目的として、アファーマティブアクションが行われるようになった。裁判所では、その合憲性をめぐり、激しい議論が行われる。

連邦最高裁の最初の判決が、1978年のバッキ事件（Regents of the University of California v. Bakke, 438 U.S. 265, 1978）だ。この事件では、カリフォルニア州立大学デイヴィス校医科大学院で定員100名中16名のマイノリティ特別枠を設けることの合憲性が問題となった。原告のバッキ氏は白人男性で、この措置が平等保護条項に違反すると主張した。

扱った問題が難解だったため、9名の裁判官の立場は複雑に分岐した。まず、ウィリアム・J・ブレナン・ジュニア裁判官他4名の裁判官は、アファーマティブアクションには厳格審査基準は適用されないとし、目的がどうしても達成しなければならないものでなくても、この措置は許されるとして合憲とした。他方、ジョン・ポール・スティーブンス裁判官は、この措置は公民権法違反であり、憲法の平等保護条項適合性を審査するまでもなく違法無効とすべきとし、これに3人の裁判官が同調した。裁判官の判断が合憲4、違法4に分裂したことで、ルイス・パウエル裁判官がキャスティングボートを握ることになる。パウエル裁判官は、アファーマティブアクションにも厳格審査基準を適用すべきとして、人種を一つの考慮要素とすることは合憲でも、特別枠（クォータ制）を設けるのは違憲だと判断し、バッキ氏の請求を認めた。

連邦最高裁は、結論としてカリフォルニア州立大学の措置を無効としたものの、その理由づけは合憲4名、違法4名、違憲1名に分かれ、どれも過半数の裁判官の支持を得られなかった。その後も、連邦最高裁では、アファーマティブアクションの合憲性が議論され続けることになるが、基本的には厳しい態度をとってきた。２０２３年6月には、保守派判事が多数を占める連邦最高裁が、アファーマティブアクションには厳格審査基準が適用されることを明示した上で、ハーバード大学の人種を理由とした加点処理を平等保護条項の求める基準に反すると判断した（Students for Fair Admissions, Inc. v. President and Fellows of Harvard College, 600 U.S._(2023). 同時に、ノースカロライナ大学についても同様の判断が示されている）。

特別枠を禁止しつつ、多様性を確保しようとすれば、選考基準が「総合考慮」というブラックボックス化するのも当然の成り行きだ。これが受験生にとって良いことなのかについては、私は疑問を持っている。

（3）なぜ厳格審査なのか？

アファーマティブアクションの領域で、これほど議論が錯綜するのはなぜか。それは、「人種による区別は、なぜ悪質なのか」を深く検討せず、一律に否定すべきものとして「人種区別への厳格審査基準の適用」の法理が成立してしまったからだと思われる。人種による区別を厳しく吟味するのは、その区別が行われる背景に差別感情があることが強く疑われるからだろう。そうだとすれば、差別感情の存在が想定されないアファーマティブアクションについては、必ずしも厳格審査基準による一律違憲の結論を出す必要はないのではないか。

差別的意図の認定は、確かに困難を伴う。それでもなお、アメリカの裁判所は、厳格審査基準の理論ではなく、差別的意図の法理をより深く発展させるべきだったのではないかと思われる。

おわりに

ここまで3章にわたって、アメリカの判例法理の発展を見てきた。

アメリカの裁判所は、一般平等条項により差別を解消してきたが、ブラウン判決以降の「洗練された」差別の問題に直面し、「差別的意図」自体を問題にする枠組みを成立させた。これは、憲法上の平等原則の意義と限界を示す重要な判例の歴史だ。

また、これと並び厳格審査基準の法理も発展したが、アファーマティブアクションへの対応を見る限り、その法理には混乱が見られる。

次章以降は、アメリカの歴史を念頭に置きつつ、日本の判例を追ってみたい。

第7章　差別と憲法の歴史④
――日本法の場合

はじめに

こんな仮想事例を考えてみよう。ある公立高校で配布された生徒手帳の在籍番号・学年・氏名欄について、他の生徒は明朝体なのに、Aさん1人だけゴシック体で印刷されていた。①Aさんの生徒手帳の文字が他の生徒と異なるのは誰の目にも明らかで、②Aさんが通学定期券購入のために手帳を提示すると、鉄道会社の担当から「この手帳は本物ですか？」と言われ、確認のため1か月ほど時間がかかってしまった。また、③学校にゴシック体になった理由を問うても「理由はない」と言われた。そして、④Aさんは、この高校唯一の外国籍の生徒だった。

さて、公立高校の措置には、憲法の平等・非差別条項（憲法14条1項）が適用される。おそらく、1人だけゴシック体にする措置は違憲との結論に異論はないだろう。異なるとすれば、違憲の理由だ。①「文字の書体が違うこと、それだけで十分違憲だ」、②「通学定期券をスムーズに購入できなかった損害があるから違憲だ」、③「理由がないのに区別するのが違憲だ」、④「国籍に対する差別感情がうかがわれるから違憲だ」、の四つの主張が考えられる。

差別禁止の観点からすれば、④が最も深く検討されるべき理由のようにも思える。しかし、日本の最高裁は、必ずしもそのような態度をとっていない。本章では、憲法14条の成立過程を確認した上で、日本の最高裁の平等条項の解釈について見ていきたい。

1　憲法14条の成り立ち

(1) 旧憲法における平等

大日本帝国憲法には、一般的な平等条項がなかった。平等に関する規定としては、唯一、19条が、「日本臣民ハ法律命令ノ定ムル所ノ資格ニ応シ均ク文武官ニ任セラレ及其ノ他ノ公務ニ就クコトヲ得」と定めていた。能力主義で「均ク」文武官に任用することは、江戸時代の身分制、明治時代初期の藩閥行政と比べ、大きな進歩だ。

しかし、この規定は、男女の不平等を許すものと解されていた。1893年に制定された文官任用令には性別規定がなく、女性が大臣や事務次官になることを文言上は否定していなかったが、文官の採用試験規則は受験資格を成年男子に限定していた。採用試験を経由しない任用で勅任官・奏江任官（当時のキャリア官僚）待遇を受けた女性官僚もいたが、教職関係を中心にした例外にとどまった（早川紀代「帝国憲法と女性高等官の存在」総合女性史学会編『女性官僚の歴史』吉川弘文館・2013年参照）。当時の代表的な憲法学説も、こうした公務就任資格の男女不平等は違憲でないとしている（美濃部達吉『改訂　憲法撮要』有斐閣・1946年・149頁）。

憲法に明文の平等規定のある分野からしてこれだから、他の分野でも男女の不平等は当然視されていた。

1893年制定の弁護士法も、弁護士資格を男性に限定していた。女性に門戸を広げる改正は1933年、初の女性弁護士の誕生は1938年のことだ。また、帝国大学では、1913年に東北帝大が女性の入学を認めたが、官界・司法界に多く人材を輩出する東京帝大が女性の入学を認めたのは、戦後の1946年になってからだった。

（2）日本国憲法14条1項の成立

こうした旧憲法は、敗戦を機に抜本的に変更されることとなった。1945年8月に日本が受諾したポツダム宣言は、「基本的人権ノ尊重ハ確立セラルヘシ」（10項）と要求しており、法の下の平等や差別されない権利も、基本的人権の一つとして新憲法への導入が課題となった。また、新憲法制定の出発点となった1946年2月3日のマッカーサー3原則の第3項目は、「日本の封建制は廃止される」ことを要求していた。

こうした要求は、政府の新しい憲法草案に導入され、帝国議会でも賛同を得た。1947年5月3日に施行された日本国憲法は、14条1項に、「すべて国民は、法の下に平等であって、人種、信条、性別、社会的身分又は門地により、政治的、経済的又は社会的関係において、差別されない」と規定した。この条項は、公務員の任用のみならず、あらゆる「法の下」の「平等」を要求する。また、「性別」による差別を明文で禁止したから、国立大学や弁護士法が女性を差別すれば当然、違憲となる。

また、新憲法は、裁判所による違憲立法審査制を導入した（憲法81条）。これにより、不平等な立法・行政等の合憲性を裁判所で争えるようになった。続いて、裁判所で、この条項がどのように解釈・適用されたかを検討しよう。

2 平等・非差別条項の解釈

（1）四つの候補

憲法14条1項は、前段で国民の法の下の平等、後段で差別禁止を定める。この規定は何を意味しているのか。憲法解釈学では、平等・非差別条項の内容として、以下の四つの候補があり得るとされてきた。

【平等・非差別の内容の候補】
①国民と国民を区別すること一般の禁止（絶対平等）
②区別自体は問題でなく、区別による重要な権利・利益侵害の禁止（平等空虚論）
③合理的な理由なく区別することの禁止（不合理な区別の禁止）
④差別感情に基づく措置の禁止（差別禁止）

本章の冒頭に掲げた主張①〜④は、概ねこの候補①〜④に対応する。

(2) ①絶対平等と②平等空虚論

第一に、①絶対平等の規範は、ほとんどの憲法教科書で紹介されているが、②〜④の内容を分かりやすく説明するための対比として示されているにすぎない。刑事手続きの場面では犯罪が証明された人とそれ以外を区別しなければならないし、所得税徴収の場面では所得に応じて徴収額を区別する必要がある。法律は、その条文を適用すべきものとそうでないものとを区別することを本質的要素としており、①絶対平等の規範は法規範としては成り立ち得ない。平等・非差別の条項をこの規範を規定したものと解する学説は皆無だ。

第二に、②平等空虚論は、平等や非差別は他者との比較から発生するが、比較自体に意味はなく、比較を通じて重要な権利・利益の侵害をあぶり出すことに意味があるという考え方だ。冒頭の例で言うと、生徒手帳の書体の区別自体は問題でなく、通学定期券を購入できないといった不利益の大きさが焦点となる。平等・非差別の条項をこの平等空虚論で理解する場合、重要なのは、そこで侵害された権利・利益の重大性だ。

憲法の権利規定が乏しい場合、この理論を採用することには理由がある。例えば、アメリカには、営業の自由や社会保障に関する権利の憲法規定がない。そこで、そうした自由や権利に憲法上の根拠を与えるために、学説や判例が②平等空虚論的解釈を展開した、という歴史がある。

しかし、日本国憲法の場合、制定が20世紀半ばであったため、そこまでの憲法の歴史を踏まえ、かなり充実した権利章典が作られている。さらに、憲法に明文の規定のない権利でも、それを憲法上保障すべき十分な理由がある場合には、個人の自由や幸福追求権を規定した憲法13条により保障されるという解釈が広く支持されている。このため、②平等空虚論による解釈はあまり支持されていない。

（3）③不合理な区別の禁止と④差別禁止

第三に、③不合理な区別の禁止は、②平等空虚論と異なり、他者と区別されたことそのものを問題とする。ただし、①絶対平等とは異なり、区別に合理的理由がない場合だけ、その区別を違憲とする。冒頭の例で言えば、生徒手帳の書体違いは、仮に、通学定期券の購入等に影響を及ぼさなくても、合理的な理由がないというだけで違憲である。

第四に、一般論として、③不合理な区別は事務的なミスや事実の勘違いによっても生じるが、④差別禁止の観点から禁止されるのは、その不合理な区別が差別感情に起因する場合に限定される。また、区別の形をとらなくても、差別感情に基づく措置は禁止される。

私は、憲法14条1項が、「(不) 平等」(前段) と「差別」(後段) を分けて規定していること、③不合理な区別の禁止と④差別禁止は異なる規範であることから、憲法14条1項前段が③を、後段が④を規定していると解するのが素直だと考える。しかし、最高裁判例は、そう解釈していない。続いて、最高裁の考え方を見ていこう。

3 最高裁の憲法14条1項解釈

(1) 最初期の解釈:後段列挙事由の重視

1947年に日本国憲法が施行されたものの、当初は憲法14条1項に関する研究が未発達で、最高裁もどう扱ってよいか困惑していたように見える。同項に関する最初の判例は、1948年の窃盗事件（最大判昭和23年5月26日刑集2巻5号517頁）だ。被告人は、原状回復などに努力したのに執行猶予がつかないのは不平等で憲法14条1項に反すると主張した。これに対し、最高裁は、被告人の主張する区別は、「人種、信条、性別、社会的身分又は門地」という同項後段の掲げる事柄によるものではないという理由で、憲法14条1項には違反しないと判断した。

新憲法制定当初、最高裁は、後段が掲げる事柄での区別を禁止するのが憲法14条1項だと理解していたと言える。

(2) 不合理な区別の禁止

しかし、こうした解釈はすぐに行き詰まる。国民が不満を抱く区別は、憲法14条1項後段に列挙されたような、人種や性別によるものだけではない。法律上の期間制限による区別や、税法上の所得等による区別、医師や薬剤師などの国家資格による区別も、それが不合理なら国民は裁判所で争う。こうしたニーズに応えるには、後段が掲げる事柄による区別か否かを問わず、不合理な区別一般に対処する必要がある。

そこで、最高裁は1950年代に入ると、どんな事柄の区別でも憲法14条1項違反になり得るとした上で、「合理的根拠」がない区別が憲法違反となるという解釈を採用するようになった。

そうした解釈を初めて示した判例が、1953年の強姦罪規定に関する判決（最大判昭和28年6

月24日刑集7巻6号1366頁）だ。当時の刑法177条は、強制性交について「強姦」との用語を使い、罪の成立を被害者が「婦女」の場合に限定していた。男性が客体の場合には、強制わいせつ罪として扱われ、刑罰も強姦より軽かった。この区別が、憲法14条1項違反ではないかと争われた。

この区別は憲法14条1項後段の掲げる「性別」にまつわる区別だが、判決は「一般法規の制定又はその適用においてその事実的差異から生ずる不均等があることは免れ難いところであり、従つて、その不均等が一般社会観念上合理的な根拠のある場合には平等の原則に違反するものといえない」と判断した。つまり、「合理的な根拠」のない「不均等」一般が同条に違反するとの解釈が示された。その上で、判決は、問題の区別を合憲とした。なお、現在では、刑法177条は強制性交等罪の規定に改正され、男女の区別はなくなっている。

これ以降、最高裁判例は、後段の掲げる事柄による区別かどうかには関心を払わず、問題の③区別が不合理かどうかだけを検討するようになった。

また、憲法学説も、「不平等」と「差別」を同視する傾向を強め、「憲法14条1項は前段・後段を合わせて、不合理な区別を禁止した規定」として理解されるようになった。この結果、「差別されない」の文言や④差別禁止の要請は、裁判所や学説の意識に上らなくなる。

こうして、1950年代以降、裁判実務でも学説でも、憲法14条1項は、③不合理な区別の禁止要請を規定したもので、後段に特別な意味はないという解釈が一般的となる。

(3) 目的・手段の2段階審査

では、区別が合理的か否かは、どのように判断するのか。1970年代初めまでの最高裁判例は、区別の理由を一言述べ、「それが合理的だ」と宣言するのみで違憲の主張を退けていた。区別の合理性の審査方法が洗練されるきっかけとして有名なのは、1973年の尊属殺重罰規定違憲判決(最大判昭和48年4月4日刑集27巻3号265頁)だ。最高裁は、このときに初めて、憲法14条1項に基づく違憲判決を出した。

この判決で問題となったのは、当時の刑法による普通殺と尊属殺の区別だった。当時の刑法199条は「人ヲ殺シタル者」を「死刑又ハ無期若クハ三年以上ノ懲役」と定める一方(普通殺)、同200条は「自己又ハ配偶者ノ直系尊属ヲ殺シタル者」は「死刑又ハ無期懲役」としていた(尊属殺)。直系尊属とは、父母や祖父母など、直接血統を遡ることのできる自分より上の世代の者を言う。

この規定には二つの違憲論があった。第一は、父母ら尊属を敬うという〝目的〟自体が、思想の押しつけであり違憲とするもの。第二は、尊属尊重の目的は良いとしても、「死刑又ハ無期懲役」という刑罰が重すぎて、目的達成の〝手段〟としては不合理だとするもの。

最高裁判決は、当時の二つの違憲論に対応し、区別の合理性を〝目的〟と〝手段〟の2段階で検討した。まず、「尊属に対する尊重報恩は、社会生活上の基本的道義というべく、このような自然的情愛ないし普遍的倫理の維持は、刑法上の保護に値する」と述べ、尊属を敬う心の維持を合理的な目的と認めた。他方で、手段としては、「いかに酌量すべき情状があろうとも法律上刑の執行を猶予することはできないのであり、普通殺の場合とは著しい対照をなす」として、刑罰が重すぎるという手段の観点から、違憲の結論を出した。

（4）違憲判決の実例

これ以降、最高裁は、目的・手段の2段階で区別の合理性を検討するようになる。以降の憲法14条1項に基づく違憲判決としては、次のようなものがある。

2008年の国籍法違憲判決（最大判平成20年6月4日民集62巻6号1367頁）は、日本人父・外国人母の子どもが、出産後、両親が婚姻した場合にのみ、当人の意思（届出）で日本国籍を取得できるとした旧国籍法3条の区別を、血統による国籍配分という目的に照らし不合理として違憲とした。

また、2013年の非嫡出子法定相続分違憲決定（最大決平成25年9月4日民集67巻6号1320頁）は、被相続人の婚姻した相手の子ども（嫡出子）と、婚姻していない相手の子ども（非嫡出子）とで、法定相続分を区別した旧民法900条4号但書前段を「子を個人として尊重する」という目的に照らし不合理として違憲とした。

さらに、2015年の再婚禁止規定違憲判決（最大判平成27年12月16日民集69巻8号2427頁）は、女性の6か月の再婚禁止を定める旧民法733条について、100日を超える部分は、他の民法の規定と整合を図る目的との関係で不合理だとして違憲とした。

おわりに

本章の内容をまとめると、次のようになる。

まず、憲法14条1項の文言を見ると、前段で法の下の平等を、後段で差別されない権利を規定する。しかし、最高裁は、平等と非差別を特に区別せず、憲法14条1項の前段と後段は同じ内容を規定したものと理解する。その上で、最高裁は、憲法14条1項は、③不合理な区別を禁止する規定と解釈した。区別の合理性は、1970年代以降は、区別の目的の合理性と、区別の手段としての合理性との、2段階で検討されるようになった。

当然のことながら、こうした解釈は、憲法14条1項の適用において、④差別禁止を無視あるいは少なくとも軽視する傾向を導く。日本における差別と憲法の関係は、裁判所がこうした解釈を採用していることを前提に検討する必要がある。

第8章　差別と憲法の歴史⑤
――社会的差別による差別立法の正当化

はじめに

法制度を作るときには、個人的な感情を差し挟んではならない。ましてや、差別感情を立法に反映させてよいはずがない。仮に、そのような立法が見つかれば、裁判所は差別されない権利の侵害として、違憲無効と評価すべきだろう。しかし、最近の裁判例は、差別を反映させた立法を、差別を理由に正当化する。これでは、いつまでも差別が解消しないどころか、差別を助長し、定着させてしまう。

これは由々しき事態だ。

1　同性婚訴訟・大阪地裁判決

まず、注目されるのが、大阪地判令和4年6月20日だ。この訴訟は、「結婚の自由をすべての人に」訴訟、あるいは同性婚訴訟と呼ばれる。訴訟では、異性カップルには婚姻を認め、同性カップルには婚姻を認めない区別が、平等権（憲法14条1項）の侵害にならないかが問題とされた。

裁判所は平等権侵害か否かを、①その区別の目的は正当か（目的審査）、また、②その区別は目的達成の手段として役立つか（手段審査）、という2段階で判断してきた。

大阪地裁判決は、広く婚姻を「二当事者の永続的かつ真摯な精神的・肉体的結合関係」と定義し、同性カップルでもこのような関係を結び得ることから、同性カップルが婚姻し得るとする。しかし、現在の法律は、婚姻のうち、異性間の婚姻だけに法律上の婚姻を認める。判決は、異性カップルと同性カップルとの区別の目的を次のように認定した。

【大阪地判令和4年6月20日の目的認定】

そうすると、本件諸規定〔同性間の婚姻を認めない民法と戸籍法の諸規定・木村補足〕が異性間の婚姻のみを対象としているのは、婚姻を、単なる婚姻した二当事者の関係としてではなく、男女が生涯続く安定した関係の下で、子を産み育てながら家族として共同生活を送り次世代に承継していく関係として捉え、このような男女が共同生活を営み子を養育するという関係に、社会の自然かつ基礎的な集団単位としての識別、公示の機能を持たせ、法的保護を与えようとする趣旨によるものと考えられる〔略〕。このような婚姻の趣旨は、我が国において、歴史的、伝統的に社会に定着し、社会的承認を得ているということができる。

以上によれば、本件諸規定が異性間の婚姻のみを婚姻として特に保護する制度を構築した趣旨には合理性があるというべきである。

つまり、判決は、「子を産」む婚姻を「社会の自然かつ基礎的な集団単位」として高く価値づけし、それを表示するのが、現在の法律婚制度の目的だという。

この目的認定に対しては、法律婚は、生殖関係を伴うものに限らず、一対一の親密関係を保護する制度であり、この判決の制度目的の理解はそもそも誤りだとの批判がある。

さらに、判決の理解からすれば、生殖関係なき異性カップルの法律婚は、制度趣旨に反する目的外利用になる。それにもかかわらず、なぜ生殖関係なき異性カップルは法律婚ができるのか。判決は法律婚に「自己実現」を支援する意義もあるからだとした。しかし、そうだとしたら、生殖関係がなくても、自己実現のために婚姻するのは同性カップルも同じだ。なぜ、自己実現の価値に差を設けるのか。

この2点の批判は重大な問題だが、本章の主題とずれるので、置いておこう。本章では、仮に判決の目的理解を前提とした場合、その目的が正当と言えるかを考えたい。注意が必要なのは、判決が、法律婚を出産・子育て支援の制度ではなく、「社会の自然かつ基礎的な集団単位」を表示する制度だとした点だ。

出産や子育て支援の給付、例えば、出産育児一時金や児童手当について、出産する母・子育て中のカップルだけを対象にするのは当然で、出産・子育てをしないカップルでもこの扱いに不満は持たないだろう。

他方で、あるカップルを「社会の自然かつ基礎的な集団単位」と位置づけ、それ以外のカップルを〈社会の不自然かつ基礎的でない集団単位〉として低く評価しそれを表示する制度は、出産や子育て支援そのものではなく、カップルの価値に格差を設けるための制度ということになる。価値の格差を示し、「子を産」まないカップルを低価値として侮蔑する態度は、差別そのものだ。「子を産」まないカップルが怒るのは当然だろう。

しかし、判決は、平等権侵害の主張に対し次のように答える。

【大阪地判令和4年6月20日の目的・手段審査】

前記〔略〕のとおり、異性間の婚姻は、男女が子を産み育てる関係を社会が保護するという合理的な目的により歴史的、伝統的に完全に社会に定着した制度であるのに対し、同性間の人的結合関係にどのような保護を与えるかについては前記のとおりなお議論の過程にあること、同性愛者であっても望む相手と親密な関係を築く自由は何ら制約されておらず、それ以外の不利益も、民法上の他の制度（契約、遺言等）を用いることによって相当程度解消ないし軽減されていること、法制度としては存在しないものの、多くの地方公共団体において登録パートナーシップ制度を創設する動きが広がっており、国民の理解も進んでいるなど上記の差異は一定の範囲では緩和されつつあるといえること等〔略〕からすると、現状の差異が、憲法14条1項の許容する国会の合理的な立法裁量の範囲を超えたものであるとは直ちにはいい難い。

要するに、①「子を産」まない婚姻を低く価値づける考え方は、「歴史的、伝統的に完全に社会に定着」しているから、そのような価値を表示するのも正当な目的だということだ。そして、②差別的価値観を表示する目的からすれば、異性婚だけを保護する区別は目的達成手段として合理的と言える（14条違反でないことの論証としては以上で十分なはずだが、判決は、同性カップルの受けている不利益が軽微であることを付け足している）。

しかし、差別が最も深刻なのは、差別が社会に「定着」した場合だ。定着しているからこそ、その改善を求める権利を認めなければ、差別は解消しない。判決のように、「社会に歴史的・伝統的に差別が定着しているから、この差別は正当だ」という理屈が許されるなら、最も深刻な差別が放置されてしまうだろう。これは恐ろしい判断だ。

2 性風俗営業持続化給付金事件・東京地裁判決

同性婚に関する大阪地裁判決の10日後、東京地裁も、〈みんなが差別しているから、差別は正しい〉式の判決を出した。これは、持続化給付金制度に関わるものだ。

この制度は、新型コロナウイルス感染症の拡大により、特に大きな影響を受けている事業者に対して、事業の継続を支え、再起の糧となる、事業全般に広く使える、給付金を支給する制度だ。給付規程によれば、公共法人・政治団体・宗教団体を除き、幅広い業種が対象となっている。しかし、給付規程は、一般事業者の中で、風俗営業法に定義された性風俗営業だけを対象外としていた。当然、他の業種との平等が問題となる。

東京地判令和4年6月30日は、性風俗営業事業者の原告が、給付規程に基づく処遇が平等権の侵害だと主張し、給付金の支給を請求した事件だ。これについて、東京地裁は次のように述べた。

【東京地判令和4年6月30日】

そして、本件各規程は、本件各不給付規定を定め、性風俗関連特殊営業を行う事業者を給付対象者から除外しているところ、これは、〔略〕性風俗関連特殊営業は、人間の本来的欲望に根差した享楽性・歓楽性を有する上、その本来的に備える特徴自体において、風営法上も国が許可という形で公的に認知することが相当でないものとされていることに鑑み、本件各給付金の給付対象とすること、すなわち、国庫からの支出により廃業や転業を可及的に防止して国が事業の継続を下支えする対象とすることもまた、大多数の国民が共有する性的道義観念に照らして相当でないとの理由によるものと解される。そして、前記〔略〕のとおり、給付行政における給付基準の策定に当たっては、他の施策との整合性に加え、当該給付をすることについて大多数の国民の理解を得られるかどうかや給付の費用対効果その他の点について考慮することが必要であることからすると、上記のような本件各不給付規定の目的には、合理的な根拠があるものと認められる。

また、本件各給付金の給付対象とすることが相当でないのは、性風俗関連特殊営業が一般的・類型的に有する上記のような特徴によるものであるから、性風俗関連特殊営業を行う事業者を一律に本件各給付金の給付対象から除外することは上記目的との関連において不合理なものではなく、行政庁の合理的な裁量判断の範囲を超えるものではないと認められる。

この判決は、性風俗営業に持続化給付金を支給するのは「大多数の国民が共有する性的道義観念に照らして相当でな」く、「大多数の国民の理解を得られ」ないから、性風俗営業だけを除外することに問題はないとした。

しかし、適法に営業し、納税もしている事業者について、「大多数の国民の理解」を理由に特別に給付資格を認めないのは、結局、大多数の国民が差別しているから、その差別的評価に従った区別をしてよい、という主張になってしまっている。

3 犯罪被害者給付金事件・名古屋高裁判決

8月に入り、今度は名古屋高裁で、同種の判決が出た。ここでは、犯罪被害者給付金に関する区別が問題となった。

犯罪被害者給付金とは、「犯罪行為により不慮の死を遂げた者の遺族又は重傷病を負い若しくは障害が残った者の犯罪被害等を早期に軽減するとともに、これらの者が再び平穏な生活を営むことができるよう支援するため」の給付金で（犯給法1条）、被害者が死亡した場合、親族が遺族給付金の対象となる（同4条・5条）。

遺族給付金の対象について、犯給法は「犯罪被害者の配偶者（婚姻の届出をしていないが、事実上婚姻関係と同様の事情にあった者を含む。）」と定め（犯給法5条1項1号）、事実婚の相手方も給付対象としていた。同性カップルは法律上の婚姻はできないが、事実婚と同様の生活実態にあることも多い。ある同性カップルの一方が殺害され、残されたもう一方が遺族給付金の支給を求めたのがこの訴訟だ。

訴訟では、まず、同性事実婚のパートナーが、「婚姻の届出をしていないが、事実上婚姻関係と同様の事情にあった者」（以下、遺族給付金対象事実婚と呼ぶ）に該当するかどうかが問題となった。

第1審の名古屋地判令和2年6月4日は、遺族給付金対象事実婚と認定するには、その「共同生活関係が婚姻関係と同視し得るものであるとの社会通念が形成されている」必要があるとした。その上で、同性カップルの共同生活については、そのような社会通念は形成されていない、として請求を棄却した。

そこで、原告は、異性カップルと同性カップルの区別が、平等権を侵害しているとして控訴する。これに対し、名古屋高判令和4年8月26日は、まず犯罪被害者給付金の制度目的について、次のように述べる。

【名古屋高判令和4年8月26日の犯給法の目的理解】

〔犯罪被害者給付金は・木村補足〕重大な経済的又は精神的な被害を受けた遺族等が発生した場合には当該遺族等を救済すべきとする社会一般の意識が生じ、他方で実際上不法行為制度の下での損害賠償等により救済を受けられない場合が多い中で、その状況を放置した場合には法秩序に対する国民の不信感が生ずることから、社会連帯共助の精神に基づき、租税を財源として遺族等に一定の給付金を支給し、遺族等の経済的又は精神的な被害を緩和するとともに、国の法制度全般に対する国民の信頼を確保することを主たる目的とするものと解される。

犯罪による「重大な経済的又は精神的な被害」を放置すると「国民の不信感」が生じる。犯罪被害者給付金は、それを防ぎ、「国の法制度全般に対する国民の信頼を確保する」のを目的とした制度だと言う。

そうすると、問題は、同性パートナーの被害は、放置しても「国民の不信感」が生じないのかだ。この点について、名古屋高裁は次のように言う。

【名古屋高判令和4年8月26日の認定】

同居している相手方が殺害された場合の精神的苦痛について、少なくとも、同性パートナーであるか異性パートナーであるかという事柄が精神的苦痛の大小を左右する要素となるとは認められない。

〔略〕しかしながら、〔略〕同性パートナーの認証制度や何らかの平等取扱制度を設ける地方自治体が増加し、民間企業において扶養手当等において同性パートナーを配偶者と同様に扱う例が増加しており、国民の意識調査でも同性婚を許容する人の方が、これを否定する人より多数となっている実情等が認められるものの、国の立法によって同性パートナーについて何らかの法的な保護制度が制定されたわけではなく、同性パートナーについて、異性パートナーないし異性婚姻関係と同視することが要請されるとの社会的な意識が醸成されていたとは認め難い状況にある。

〔略〕そうすると、本件規定により、同性間の関係であるか異性間の関係であるかによって、犯罪被害者給付金の支給につき、結果的に別異の取扱いが生じていることについて、それをもって、本件規定の立法目的に合理的な根拠がなく、または、その手段・方法の具体的内容が立法目的との関連において不合理なものと認めることはできず、憲法14条1項に違反すると認めることはできない。

判決は、パートナーが殺害されたときの精神的苦痛は、同性パートナーでも異性パートナーでも変わらないとする。しかし、「同性パートナーについて、異性パートナーないし異性婚姻関係と同視することが要請されるとの社会的な意識が醸成されていたとは認め難い」ので、同性パートナーに遺族給付金を支給しなくても、「国民の不信感」は生じないという。

正直、目を疑う論証だ。判決は、当事者の苦痛は変わらないと認定したにもかかわらず、国民の多くが同性パートナー関係の価値は異性パートナーのそれに及ばないと考えているから、遺族給付金の対象にしなくても「国民の不信感」は生じないとした。あからさまな、〈みんなが差別しているから、差別は正しい〉式判決だ。

おわりに

本章では、２０２２年に出た差別に係る三つの判決を紹介した。これらはいずれも、国民の多数派が差別的価値観を持っているから、法制度が、それに迎合するための区別をしても正当だ、という趣旨の判決になっている。

しかし、１に指摘したように、国民の多数派が行う差別は最も苛烈な差別であり、こうした判決の枠組みは最も苛烈な差別を温存し、助長すらする。日本の裁判所の傾向は、差別されない権利については危険な方向に向かっていると言わざるを得ない。

第9章　なぜ差別者は「差別の意図はない」と言うのか？

はじめに

小学生で将棋のルールを覚えたとき、なぜか「桂馬が成ったとき」の動きを誤解していた。私の頭の中では、「成桂」は、前方に加え後方にも跳躍する上に、金将の動きもプラスされる駒だった。将棋の分かる人には分かってもらえると思うが、これでは異様に強い駒となってしまう。そんな成桂は当然反則だが、私の家族もみな同じ誤解をしていたので、家の中でそれを指摘されることはなかった。

しかし、初めて将棋の道場に行ったとき、成桂を後ろに跳ねさせたところで反則負けを宣言された。対局相手は「なぜそんな反則を？」と目を丸くしていたが、私には「反則の意図は全くなかった」。その後、道場で正しいルールを身につけた私は、基本戦略を「とにかく桂馬を成る」から「玉の守りは金銀3枚」に変更した。

将棋に限らず、ルールを誤って覚えると、反則の意図もなしに反則してしまう。「意図」と言えば、最近、「差別の意図」が話題になることが多い。前章まで、専門的な判例解説が続いたので、本章では、判例の示唆を踏まえつつ、総論と各論のインターミッションとして「差別の意図」の概念を整理してみよう。

1 「自覚なき」マイクロアグレッション

最近、差別研究の領域で、「マイクロアグレッション」の概念が流行している。直訳すれば「微少攻撃」となるが、独特のニュアンスがあるので、日本語文献でもカタカナ表記するのが一般的だ。マイクロアグレッションは、「ありふれた日常の中にある、ちょっとした言葉や行動や状況であり、意図の有無にかかわらず、特定の人や集団を標的とし、人種、ジェンダー、性的指向、宗教を軽視したり侮辱したりするような、敵意ある否定的な表現」と定義される（デラルド・ウィン・スー著・マイクロアグレッション研究会訳『日常生活に埋め込まれたマイクロアグレッション』明石書店・2020年・34頁）。

具体的には、どのような行為なのか。この議論をリードするデラルド・ウィン・スー教授は、マイクロアグレッションとして次の例を挙げる（以下、同書・30〜33頁）。

【マイクロアグレッションの例】
〔行為1〕大学教授が、黒人学生から「白人学者の議論しか扱っていない」と指摘を受け、「落ち着きなさい」「あなたは聡明で理性的に議論できるはずだ」と述べ、暗に、黒人は感情的で非理性的だという事実をほのめかした。
〔行為2〕就職面接の際に、男性面接官が、女子学生だけをなれなれしくファーストネームで呼び、「君なら働かなくても、イイ男を見つけるのは簡単だろう」と言った。
＊事例は要約した。

一見すると、これらはただの差別行為だ。〔行為1〕は、「黒人は感情的で乱暴だ」という偏見を前提にしているし、〔行為2〕は「女性は性的冗談でからかってよい存在だ」という差別的評価に基づいている。

これらの行為をマイクロアグレッションと名付け、特別視する意義はどこにあるのか。それは、一般的な差別と異なり、加害者に「差別の意図」や「傷つけようとするつもり」がないことを浮き上がらせ、特別な注意を向けるためだ。スー教授は、マイクロアグレッションの加害者は、「たいてい、自分が相手を貶めるようなやりとりをしてしまったことに気づいていない」と強調する。

しかし、この議論には疑問がある。差別には主観的な「差別の意図」や「傷つけるつもり」があるのが一般的で、それらがないのが特別だ、という前提は正しいのだろうか。

2　差別をする者の内心

（1）差別行為の3類型

そもそも、差別をした者が「差別の意図でやりました」と認めることは希《まれ》だ。むしろ、差別的な発言をしたり、差別的制度を維持したりする人は、それを指弾されると「差別の意図はない」あるいは「傷つけるつもりはなかった」と弁明ないし反論する。しかも真顔で。それは、なぜなのか。

これは、差別の定義を整理した上で、差別する人の内心を理解しないと分からない。今一度、差別の定義を思い出そう。

まず、①「女性は知的能力が低い」とか「○○人は日本語を習得できない」といった人間の類型に向けられた誤った事実認識を偏見と言う。他方、差別とは、人種や性別など、人間の類型に向けられた②蔑視感情ないし③否定的評価、またはそれに基づく行為を言う（第1章参照）。

偏見は事実認識の問題、差別は感情・評価の問題だから、性質が異なる。ただし、差別は偏見を強化する作用を持っており、差別で強化された偏見に基づく行為も、差別的意図に基づく行為の一種と言えるだろう。これを踏まえると、差別行為は、次の3類型に整理できる。

【差別行為の3類型】

①偏見型：人間の類型に対する誤った事実認識を前提にした行為
②感情型：差別感情を満足させるための行為
③評価型：差別的な評価を前提にした行為

これらは、客観的に見れば不合理で、倫理的に悪質だ。しかし、当人の主観の中では、そうではない。

（2）差別行為の内心

まず、①偏見型について。例えば、「女性は知的能力で男性に劣る」という偏見を持っている人は、それが客観的には誤っていても、主観的には真実だと思っている。だから、女性に、大学入学資格や弁護士資格を認めなかったとしても、当然の措置と認識する。

私たちは「人間は壁を通り抜けられない」という事実認識に基づきドアを作ったり、「人間は食事をしないと生きていけない」という理由で生活保護の項目に食費を入れたりする。女性に対する偏見を持つ人にとって、女性の排除はそれらと同様に、真実に即した当然の行為だ。このため、「差別だ」と抗議を受けても、本心から「差別の意図はない」と答える。当然、女性を「傷つけようとする意図」の自覚もない。

次に②感情型を考えよう。差別感情に基づく行動とは、例えば、「男女で労働能力等に差異はない」と正しく認識しているにもかかわらず、「女性に仕事で指図されるのは気に食わない」という感情に基づいて、女性の採用・昇進に反対したりすることだ。

純粋な感情型の行為は、要するに、およそ理性的とは言い難く、感情に従っただけの衝動的な行為だ。我々は、他者の目があったり、判断に十分な時間があったりする場面では、衝動的な行動を抑制できる。しかし、寝不足や空腹で衝動を抑えられない場合や、咄嗟に反応する場合、差別感情が出ることがある。日常の砕けた会話も、言葉を一つ一つ吟味せずに行われるから、何気なく差別感情が表れることもあろう。こうした言動は、何かの意図があるわけではなく、ただ衝動的に発せられたものであって、「差別の意図」や「相手を傷つけようとするつもり」を伴うわけではない。

これに対して、周囲の目があり、十分に理性的な判断をする時間があるときでも、自分の差別感情を満足させようとする人もいる。これは、差別感情だけではなく、「自分の感情の満足は、差別を受ける者の被害に優先すべきだ」あるいは「相手を自分の感情を満足させる道具にしてよい」という差別的評価を伴っている。そうした場合は、③評価型の差別行為に分類すべきだろう。

では、③評価型の差別行為の場合、行為者はどのような内心を持つか。

差別的評価とは、「男性は女性に優先して扱われるべきだ」とか「〇〇人に他の人種と同等の地位を与えるべきではない」といった価値観だ。価値観は、その人の中での正・不正の基準となる。差別的評価を前提にした場合、当人は主観的には差別行為を正しいものと位置づけるだろう。他方、「差別（discrimination）」は、不正のニュアンスを持つ言葉だ。差別的評価を持つ人は、自らの価値観を不当とは考えていないから、それを「差別だ」とは考えない。

このように、③評価型の差別行為の場合もまた、行為者当人は差別でないと考える。19世紀のアメリカでは奴隷制に最高裁がお墨つきを与えたし、20世紀の日本では非嫡出子の相続分差別が正しい倫理に適うものとされた。これらは、自覚なき差別の典型例と言える。

（3）差別の意図がある場合

では逆に、「差別の意図」や「相手を傷つけるつもり」を持って、差別行為をするのはどのような場合なのか。

偏見を偏見と自覚し、差別を差別と自覚することは、加害者自身が事実誤認や評価の不当さを認識することを意味する。それでもあえて差別行為をなすのは、④組織の上司に偏見があったり（組織型）、⑤事業の顧客に差別者がいてそれに迎合したりする（迎合型）など、本人が逆らえない相手が差別者の場合だろう。

例えば、不動産会社の取締役が「○○人は不潔で物件を汚すから、絶対に貸すな」と命じた場合、末端の社員はそれが偏見だと分かっていても差別的な扱いをせざるを得ない。これは④組織型の例である。また、「同性愛者が使った式場で結婚式を挙げたくない」などと考える顧客が多い地域では、結婚式場の担当者が、それを差別と分かりつつ、同性カップルの利用を断ることもあり得る。ある種の出版社や書店では、ヘイト本を差別と分かりながら、よく売れるからと出版したり販売したりすることもしばしばある。これらは⑤迎合型の差別行為だ。

こうした④組織型・⑤迎合型の差別行為は、加害者の主観でも、偏見を前提にする意図、差別をする意図を認定できる。ただし、これらの差別行為は、担当者の差別的意図というより、会社の上司や顧客の態度に起因するもので、①〜③の差別行為の派生型と理解すべきだろう。

3　差別する人とのコミュニケーション

(1) 事実認識・価値観の画定と是正

マイクロアグレッション論が想定したのと異なり、差別行為の行為者は①偏見型・②感情型・③評価型のいずれにおいても、主観的な「差別の意図」を持っていないのが通常だ。

このことは、差別行為に対して「それは差別的意図に基づくもので不当だ」とか「相手を傷つけるから止めるべきだ」と批判しても、意味のあるコミュニケーションにならないことを示している。

では、差別行為を是正するにはどうすればよいのか。

まず、①偏見型差別行為について重要なのは、その人の事実認識を画定することだ。偏見を持つ人は、偏見を真実と認識している。その是正には、本人に具体的にどんな事実認識を持っているのかを説明させた上で、具体的に「『女性は労働能力が低い』という認識は、○○という理由で誤っています」と指摘するしかないだろう。

また、②感情型や③評価型の場合も、加害者がどのような感情・評価に基づき、その行動に出たのかを画定するところから始めなければならない。

近代的な社会では、個人を個人として尊重することが求められる。人間の類型を否定的に評価し、個人がその類型に属しているというだけで否定的に評価する差別的評価は、個人の尊重の理念に反する。行為者が前提とする価値観が、差別的評価だった場合には、「それは個人を個人として尊重していない」と批判して、価値観の見直しを求めるべきだ。それは困難を伴うだろうが、他者の影響を受けて価値観を変えることを諦めるべきではない。

以上の検討は、差別を指摘された者が、誠実な弁明を行う際に何をすればよいかも示唆している。「自分の行為は差別でない」と弁明するには、次の手続きが必要だ。まず、自分がどのような事実認識と価値観に基づいて行動したかを明らかにすること。次に、その事実認識が真実だと、根拠を添えて説明すること。最後に、行為の前提をなす価値観は、個人を個人として尊重するもので、その属する類型に対する差別的評価とは異なることを説明すること。自分の行為の背景を分析する作業は、それなりのコストがかかるが、差別されない権利を大切に考えるなら、そのプロセスを面倒と感じることはないだろう。

これに対し、差別を批判された側が、こうしたプロセスを経た弁明をせずに、単に「差別の意図はない」と強弁するだけの場合、それは誠実な態度とは言えない。差別の意図がないことは、その行為が差別的でないことを意味しない。むしろ、そうした反論は、差別感情や差別的評価によって誠実な反省が阻害されていることを示すもので、差別者であることの証拠にすらなるだろう。

(2) 憲法訴訟における「差別的意図」

以上の考察は、日米の裁判所が、差別問題を「差別的意図の法理」に重きを置くのではなく、「不合理な区別の禁止」で解決しようとした理由を考える上でも示唆的だ。前章までに見たように、日米の裁判所は、憲法訴訟において「差別的意図」を理由に裁断することには慎重な態度を示してきた。

「差別されない権利」を憲法で保障しようとする場合、その権利を端的に「差別的意図に基づく扱いを受けない権利」と定義した上で、訴訟の場では「差別的意図」の有無を審査すればよいようにも思われる。しかし、裁判実務では日米ともに、差別問題を「不合理な区別の禁止」の法理によって処理してきた。アメリカでは、20世紀の終わりになって、「差別的意図の禁止」の法理が発展してきているが、平等保護条項（連邦憲法第14修正）を適用する際の中心的法理にまではなっていない。

「差別的意図」を認定しようにも、人の内心はなかなか判定できない。これに対して、区別の合理性を検討するときには、その区別の目的や、その前提となる事実認識を画定すればよい。そのプロセスは、結果的に、偏見や差別感情・差別的評価をあぶり出す作業となる。なぜなら、差別に基づく区別は、正しい目的に照らして、不合理となってしまうからだ。客観的に判定し難い「差別的意図」を議論するよりも、「区別の合理性」を検討すれば、かなりの差別を止めさせることができる。これが、裁判所が、「不合理な区別の禁止」の法理を用いてきた理由だろう。

おわりに

本章では、差別をする人が、主観的な「差別の意図」を持たないのは自然なことだと論じた。ただし、この議論にも注意すべき点が一つある。流行のマイクロアグレッション論の評価にも関係するので、最後にそれをまとめておこう。

差別をする者に、「差別の意図」や「傷つけるつもり」がないとしても、それは当人の主観ではそうだというにすぎない。「女性は労働能力が低い」という認識は客観的には偏見であり、「特定の人種を劣等人種として扱うべきだ」というのは差別的評価だ。偏見や差別的感情・評価に基づく行為は、客観的に見れば「差別の意図」によるものと評価せざるを得ない。

その意味で、日常にある差別行為を「マイクロアグレッション」などと特別の名前で呼び、「差別の意図」や「傷つけようとするつもり」がない行為だと強調する議論は、的を外している。無自覚な差別こそが典型的な差別であり、それを特別視する必要はない。どんなに日常にありふれていても、また加害者の加害意図がなくても、差別は差別だ。マイクロアグレッション論は、日常的な言動に潜む差別に目を向けるという功績がある一方で、それこそが差別の典型的な表現であることを見落としているように思われる。

次章以降は、ここまでの総論的考察を踏まえ、各論的な事例研究を進めていきたい。また、スー教授のマイクロアグレッションの議論は、第19章で改めて紹介する。

第10章　憲法24条と家制度（その1）
——家制度とは何だったのか？

はじめに

　選択的夫婦別姓問題に関連して、「選択的夫婦別姓を導入すると、先祖伝来の家の氏を夫婦で名乗る伝統が失われる」とか、「自分の家は名家なので、婚姻後も家の氏を名乗り続けたい」といった意見を目にする。

　しかし、「先祖伝来の家や名家の氏を名乗ることが貴い」という価値観は、個人を家に属する存在と位置づけるもので、個人尊重原理に適合しない。また、名家に属さない者に対する差別でもある。だいたい、現在の憲法・民法に「家」なる概念は存在しない。それが存在したのは、明治民法の家制度（後述）においてだ。

　家制度はその内部に様々な差別を抱えていた。それを、どう解消していったのか。この点の検討は、現在の家族法における差別を考える上でも重要だ。そこで、各論編の第一として、家制度による制度的差別とその解消の歴史を検討したい。

1　家制度とはどのような制度だったのか？

親族の定義や婚姻制度、相続制度など家族に関する法制度は、近代法の重要分野だ。明治維新によって成立した大日本帝国も、その臣民をどのような家族法で規律するかが課題となった。明治政府は、1896（明治29）年に総則・物権・債権、1898（明治31）年に親族・相続に関する近代的な民法典（以下、明治民法）を制定した。親族・相続について定めた部分を合わせて家族法と呼ぶ。家族法についてはそれ以前にも太政官（帝国議会設置前に立法等の統治権力を担った機関）の布告や指令で部分的にルールが設けられていたが、それらを整理し、体系的に定める必要があった。

(1)「家」の定義

明治政府は家族法制定にあたり、「家」を基本単位とすることを選択した。この「家」とは、建築的な概念ではないので、家の構成員が全員同居するとは限らない。戦前の家族法の大家、穂積重遠《ほづみしげとお》は「家とは其団体員の一人を中心人物とし其者即ち戸主と他の家族との権利義務によって法律上連結された親族団体」と定義している（穂積重遠『親族法』岩波書店・1933年・100頁）。夫婦と未婚の子から構成される現代的な核家族とは異なり、その範囲は戸主との関係に応じて無限に広がり得る。

(2) 家制度の内容

続いて、家族法の内容を具体的に見ていこう。

第一に、氏の制度について。明治民法制定前は、夫婦は別氏を名乗ることとされていた。妻は嫁入りしても、本質的にはよそ者であり、子どもが産めなければ元の家に返すようなことも行われていた。ただ、共同生活をしているにもかかわらず、妻が家の氏を名乗れないのでは、社会生活上の不便が生じる。それゆえ、現代とは逆に、通称として妻が夫と同じ氏を名乗ることもあった。

これに対し、明治民法は、妻も夫と同じ家の氏を名乗ることとした。夫婦同氏そのものを規定した条文はないが、「戸主及ヒ家族ハ其家ノ氏ヲ称ス」（明治民法746条）と同一家同一氏の規定が置かれ、「妻ハ婚姻ニ因リテ夫ノ家ニ入ル」（同788条1項）として、妻が「夫ノ家」の一員となると定められた。妻も当然に家の氏を名乗り、戸主や夫と同じ氏を称する。ここで注意してほしいのは、家制度下の夫婦同氏制は、「夫婦が」同氏になるのではなく、夫も妻も「家の氏」を名乗るしくみであるという点だ。明治民法の夫婦同氏制は、当時の文脈では女性差別などではなく、むしろその解消という意味合いを持った。なお、夫が妻の家に入る婚姻もあったが、その場合は「入夫及ヒ壻養子ハ妻ノ家ニ入ル」（同2項）とされ、妻の家の氏を名乗ることになる。

第二に、戸籍制度について。戸籍は家ごとに編纂され、同居しているか否かにかかわらず、同じ家の者は同じ戸籍に入る。これを一家一籍と言う。戸籍は、家の法律上の所在地として地名番地で表示される。ただし、家は土地・家屋と結びつく概念ではないため、戸籍上の地名番地たる「本籍」は必ずしも現住所・居住地とは一致しない。

第三に、分家・家の創設について。家は戸主の同意の下、「分家」することもできる（明治民法743条）。この場合、元の家を「本家」、分かれて新設された家を「分家」と呼ぶ。また、子の父母が知れないとき（同733条3項）や私生子（後述）が母の家に入ることができないとき（同735条3項）は、新しい家が創設される。

第四に、戸主の地位について。戸主は、家の構成員を扶養する義務を負う（明治民法747条）とともに、様々な権限を与えられ、家を統率した。

まず、「家族ハ戸主ノ意ニ反シテ其居所ヲ定ムルコトヲ得ス」（明治民法749条1項）とされ、戸主は家族に対する居所指定権を持っていた。戸主の意思に反して引っ越した者は離縁され、戸主が家産を用いて行う扶養から外されるリスクを負うことになる。また、「戸主又ハ家族ノ孰レニ属スルカ分明ナラサル財産ハ戸主ノ財産ト推定ス」（同748条2項）とされ、財産関係の権限も大きかった。さらに、「家族カ婚姻又ハ養子縁組ヲ為スニハ戸主ノ同意ヲ得ルコトヲ要ス」（同750条1項）とされ、婚姻・養子縁組にも戸主の同意が必要だった。

第五に、子の身分について。子には、嫡出子・庶子・私生子の三つの身分があった。「嫡出子」とは、婚姻している夫婦の子。「庶子」とは、婚姻していない父母の子のうち、父の認知・庶子出生届のあった者を言う。庶子は、父と法律上の親子関係があり、「子ハ父ノ家ニ入ル」（明治民法733条1項）の規定により、父の家の一員とされた。他方、「私生子」は、父の認知・庶子出生届のない婚外子を言う。私生子は、父との間に法律上の親子関係がないため、「父ノ知レサル子ハ母ノ家ニ入ル」（同2項）の規定により、母の家の一員となった。ただし、「家族ノ庶子及ヒ私生子ハ戸主ノ同意アルニ非サレハ其家ニ入ルコトヲ得ス」（同735条1項）との規定により、戸主の同意がない場合には、庶子・私生子は父母の家に入ることができず、その子だけの新しい家が創設された。

（3）家制度における女性の地位

次に、家制度における女性の地位を考えたい。

戸主は、基本的に男性であることが想定された。女戸主の場合も「女戸主カ入夫婚姻ヲ為シタルトキハ入夫ハ其家ノ戸主ト為ル」（明治民法736条）とされ、反対の意思を示すことができたものの（同但書）、戸主男性の原則が置かれた。

また、夫婦関係においても、男女の不平等は大きかった。婚姻には、夫婦の婚姻合意だけではなく、戸主の同意も必要とされ（明治民法750条1項）、家を支配する男性が婚姻に大きな影響を及ぼし得た。

さらに、婚姻した妻は私法上の能力を制限された。具体的には、①元本の領収・利用、②借財・保証、③不動産・動産に関する権利の得喪、④訴訟行為、⑤贈与・和解・仲裁、⑥相続（以上、明治民法14条1項1号）、贈与・遺贈の受諾・拒絶（同2号）、「身体ニ羈絆《きはん》ヲ受クヘキ契約」（同3号）には「夫ノ許可」が必要とされた。「身体ニ羈絆」とは身体の拘束という意味で、労働契約も含まれる。つまり、妻が働きに出るには夫の許可が必要とされた。

親権法においても男女不平等があった。「子ハ其家ニ在ル父ノ親権ニ服ス」（明治民法877条1項）とされ、親権は父のものとされた。母が親権を行使するのは、父の死亡など、父が親権を行使できない場合に限られた（同2項）。

家制度は、男系世襲を基本としている。このため、家の中に夫以外の男の血統が混入することを嫌い、男系の純血性を害する妻の不倫を敵視した。他方、夫が妾を置くなど、夫の不倫については、家の男系純血性を侵さないので寛容だった。当時の刑法は、不倫を「姦通罪」として処罰していたが（旧刑法183条）、これは妻とその相手のみを罰するもので、夫の不倫は相手が他者の妻でない限り不可罰だった。

この規定は、裁判上の離婚を請求できる事由にも影響を与える。夫は、妻が「姦通」つまり不倫をすれば離婚を請求できるのに対し（明治民法813条2号）、妻は、夫が不倫しただけでは離婚を請求できず、「姦淫罪ニ因リテ刑ニ処セラレタルトキ」（同3号）でないと離婚を求められなかった。

このように家制度の下では、大きな男女不平等があった。

2 憲法24条の成立

(1) 家制度と差別

明治民法の家制度は、家族を生産単位とするのが一般的だった当時の慣習や生活を踏まえたものであり、必ずしも不合理とは言えない。また、家族法が女性や婚外子に不利な内容なのは当時の欧米諸国でも同様で、比較法的に特殊だったわけでもない。さらに、場合によっては女性が戸主になれること、庶子が家督を相続できることを考えれば、平等への意識が見て取れる部分もある。

しかし、①戸主の家族に対する包括的な支配、②婚外子(庶子・私生子)に対する差別、③男女の不平等など、根本的な差別を抱えるものであったことは否定できない。このため、当時から家制度や関連法には批判があった。

例えば、穂積重遠教授は、妻の無能力は、後から不都合があったときに夫の不同意を理由に契約を取り消せるのだから、妻にとって単に損というわけでもないことを指摘しつつも、「成年人格者として恥づべき保護」だと批判した（穂積前掲書・316頁）。また、離婚原因の不平等も「廃止されねばならぬ」と主張した（同書・387頁）。あるいは、京大事件の主人公、刑法学者の滝川幸辰《ゆきとき》教授が、『刑法講義　改訂10版』（弘文堂書房・1931年）にて、男女不平等の姦通罪規定を批判し、廃止を主張したこともよく知られている（同書・264頁）。

もっとも、大日本帝国憲法下では、家制度に関する抜本的な改正はなされなかった。姦通罪の不平等も是正されず、滝川教授の『刑法講義』に至っては、家庭内の「階級闘争」との表現がマルクス主義的との理由で発禁処分に至り、京大事件の発端となる始末だった。

（2）新憲法の制定

こうした中、日本は敗戦により新しい憲法を制定するに至った。日本国憲法制定に至る流れは、以下の通りだ。

日本が1945年8月に受諾したポツダム宣言には、民主主義的傾向の復活強化と基本的人権の尊重の確立を求める条項があった（10項）。これを実現するため、日本政府は大日本帝国憲法を改正することにした。改正作業を担ったのは松本烝治《じょうじ》国務大臣を委員長とする憲法問題調査委員会（松本委員会）だ。松本委員会には宮沢俊義・清宮四郎といった著名憲法学者らも参加した。しかし、1946年2月1日の毎日新聞のスクープにより、松本委員会案があまりに保守的であることが判明した。日本政府に改正作業を任せられないと考えたGHQは、日本の民主化を担当するGHQ内の民政局で憲法改正原案を起草する方針を決定した。

もっとも、松本委員会のメンバーもGHQ民政局も男性が多く、家制度を解体し、家庭生活における男女の平等を徹底しようという発想は弱かった。そうした中、民政局内で人権条項の起草を担当したベアテ・シロタが、女性の権利条項を起草した。

（3）ベアテ・シロタと女性の権利

ベアテ・シロタは、ピアニストのレオ・シロタの娘で、1923年にウィーンで生まれた。1929年に一家で日本に渡り、少女時代を日本で過ごした。その後1939年に渡米し、サンフランシスコのミルズ・カレッジに通い、卒業後はタイム誌に就職した。日本の敗戦後、両親に会うため日本に行ける仕事を探していたところ、軍の日本占領のための人材募集があり、日本語もでき、著名な雑誌社での勤務歴もあるベアテはすぐに採用されたという。1945年12月24日、ベアテはGHQスタッフとして再来日した。

ダグラス・マッカーサーが憲法草案の起草を決めたのが、1946年2月3日。翌2月4日、民政局では、憲法起草のための七つの小委員会が設置され、ベアテは人権に関する小委員会に配属された。

ベアテは、後に憲法24条となる「家族における男女平等」だけでなく、女性や母親のための社会保障の規定なども盛り込み、非常に詳細な規定を起草した。具体的には、妊婦・乳児の保育にあたる母親が既婚・未婚を問わず公的援助を要求する権利、非嫡出子の差別されない権利、養子に関する夫婦平等の同意権、長子長男相続の廃止、公私立学校における民主主義・自由・平等・正義の基本理念と社会的義務の教育、平和と科学の尊重、児童の医療・歯科・眼科の治療を無料で受ける権利、児童搾取の禁止、女性を含む成人の仕事に就く権利、女性の専門職・公職・政治職を含む男性と平等の就職権、男性と同じ賃金を受ける権利、社会保険の充実、女性と子どもと恵まれないグループの人々への特別な保護などだ。

2月8日、人権小委員会と全体の調整を行う運営委員会との会合が持たれた。ベアテの起草した諸条項について、運営委員会から「そのような指示は有益なものかもしれないが、こういう規定は制定法の定めによるべきもので、憲法の関与すべきものではない」との指摘がなされた（田中英夫他編著『日本国憲法制定の過程Ⅰ　原文と翻訳』有斐閣・1972年・204~205頁）。これを受け、ベアテ案の多くは削られた。このときのことをベアテは、「私の書いた〝女の権利〟は、無残に、一つずつカットされていった。一つの条項が削られるたびに、不幸な日本女性がそれだけ増えるように感じた。痛みを伴った悔しさが、私の全身を締めつけ、それがいつしか涙に変わっていた」と述懐している（ベアテ・シロタ・ゴードン著・平岡磨紀子構成・文『1945年のクリスマス』柏書房・1995年・185頁）。

（4）ＧＨＱ草案23条

このように、ベアテの努力は、実を結ばなかった面も多々あった。しかし、家庭内の男女平等と個人の尊厳条項は、GHQ草案23条として残されることになった。これは、次のような規定だ。

【GHQ草案23条（1946年2月13日）】

The family is the basis of human society and its traditions for good or evil permeate the nation. Marriage shall rest upon the indisputable legal and social equality of both sexes, founded upon mutual consent instead of parental coercion, and maintained through cooperation instead of male domination. Laws contrary to these principles shall be abolished, and replaced by others viewing choice of spouse, property rights, inheritance, choice of domicile, divorce and other matters pertaining to marriage and the family from the standpoint of individual dignity and the essential equality of the sexes.

（家族ハ人類社会ノ基底ニシテ其ノ伝統ハ善カレ悪シカレ国民ニ滲透ス婚姻ハ男女両性ノ法律上及社会上ノ争フ可カラサル平等ノ上ニ存シ両親ノ強要ノ代リニ相互同意ノ上ニ基礎ツケラレ且男性支配ノ代リニ協力ニ依リ維持セラルヘシ此等ノ原則ニ反スル諸法律ハ廃止セラレ配偶ノ選択、財産権、相続、住所ノ選定、離婚並ニ婚姻及家族ニ関スル其ノ他ノ事項ヲ個人ノ威厳及両性ノ本質的平等ニ立脚スル他ノ法律ヲ以テ之ニ代フヘシ／日本政府訳）

この規定は、日本国憲法24条となり、日本の家族法、そして日本社会に巨大な影響を及ぼすことになった。

おわりに

明治民法の家制度は、当時としては合理的・先進的な部分もあったが、やはり根本的な女性差別、婚外子差別を内包する差別的制度だった。これを大きく変動させたのが、ベアテ案を基にした日本国憲法24条だ。次章は、GHQ案が日本政府に示されて以降の動きを見ていきたい。

第11章　憲法24条と家制度（その2）
――憲法24条の成立

はじめに

法学部の講義で、「法律の条文はショートカットアイコンのようなもの」と教えられた。この例えは言い得て妙だ。

アイコンは、それ自体には何の働きもない。メールソフトのアイコンは、手紙をイメージさせるイラストが描かれているだけで、そのアイコン自体が電子メールを送る機能を持っているわけではない。メールソフトのデータ量はアイコンのそれよりも遥かに大きく、アイコンはソフトを立ち上げるきっかけを与えるだけだ。

法律の条文の中には、具体的な適用例を想定して、「こういうケースにしか使われません」というのが明らかなものもある。他方で、憲法や民法といった基本法典の条文は、文言自体は簡素でも、巨大な背景理論や長い歴史的沿革を持ち、条文の簡素さからは想像できないほど多くの法理や効果を導くものがある。たった1行の条文について、何十頁もの解説がなされることも多い。法律家がそれらを解釈・適用するときには、条文を通じて、それが呼び起こす理論や過去の解釈の歴史などを機能させる。

前章では、明治民法の家制度について概観し、ベアテ・シロタによるＧＨＱ草案の内容を確認した。本章では、そのＧＨＱ草案がどのような過程を経て憲法24条となったかを見ていこう。

憲法24条は文言が簡素なため、時の経過とともに、その趣旨が理解されにくくなっている面がある。実際、同性婚をめぐる言説を見ていると、その成立プロセスをまるで無視したものも多い。こうした誤解を解くため、いささか細かすぎるかとも思える文言変遷を含めて、丁寧にその成立過程を追ってみよう。

1　ＧＨＱ草案から3月5日案へ

(1)　ＧＨＱ草案23条

まず、ベアテの提案になるＧＨＱ草案の内容を再確認しよう。

【ＧＨＱ草案23条（１９４６年2月13日）】

The family is the basis of human society and its traditions for good or evil permeate the nation. Marriage shall rest upon the indisputable legal and social equality of both sexes, founded upon mutual consent instead of parental coercion, and maintained through cooperation instead of male domination. Laws contrary to these principles shall be abolished, and replaced by others viewing choice of spouse, property rights, inheritance, choice of domicile, divorce and other matters pertaining to marriage and the family from the standpoint of individual dignity and the essential equality of the sexes.

（家族ハ人類社会ノ基底ニシテ其ノ伝統ハ善カレ悪シカレ国民ニ滲透ス婚姻ハ男女両性ノ法律上及社会上ノ争フ可カラサル平等ノ上ニ存シ両親ノ強要ノ代リニ相互同意ノ上ニ基礎ツケラレ且男性支配ノ代リニ協力ニ依リ維持セラルヘシ此等ノ原則ニ反スル諸法律ハ廃止セラレ配偶ノ選択、財産権、相続、住所ノ選定、離婚並ニ婚姻及家族ニ関スル其ノ他ノ事項ヲ個人ノ威厳及両性ノ本質的平等ニ立脚スル他ノ法律ヲ以テ之ニ代フヘシ／日本政府訳）

１９４６年2月13日、ＧＨＱ草案が日本政府に提示された。政府は2月22日にＧＨＱ草案に沿った形で憲法草案を起草することを決定し、26日にはその旨を閣議決定した。

もっとも、ＧＨＱ草案は英語で書かれており、また、日本法の体系に適合しない部分もあった。

そのままでは憲法草案にならないので、日本政府は、ＧＨＱ草案を翻訳した上で、日本案を整えることとした。

（2）3月5日案の成立

憲法改正担当の松本烝治国務大臣は、佐藤達夫法制局第一部長に日本案のとりまとめを指示した。佐藤は、3月2日までに第一案を作成した。これはしばしば「3月2日案」と呼ばれるもので、日本政府案の起点となった。

【3月2日案37条】

婚姻ハ男女相互ノ合意ニ基キテノミ成立シ、且夫婦ガ同等ノ権利ヲ有スルコトヲ基本トシ相互ノ協力ニ依リ維持セラルベキモノトス。

ＧＨＱ草案と3月2日案とを比べると、3月2日案の方が圧倒的に短いことに気づくだろう。まず、ＧＨＱ草案第1文の「家族ハ人類社会ノ基底ニシテ其ノ伝統ハ善カレ悪シカレ国民ニ滲透ス」の部分は削除された。これは法的な内容を示したものというより、条文の理念的な内容を示すにとどまる。日本法では、条文はその要件・効果を簡素に示すことが好まれるため、佐藤は「文章として日本の法制の体裁に合わない」と判断した（佐藤達夫著・佐藤功補訂『日本国憲法成立史　第三巻』有斐閣・1994年・122頁)。

次に、GHQ草案23条の「Marriage...founded upon mutual consent(婚姻は……相互の同意の上に成り立つ)」との文言は、旧民法の家制度において要求されていた戸主・両親・親族会などの同意が不要であることとともに、当事者相互の同意(mutual consent)だけで婚姻が成立すべきことを表現している。ただ、「相互の合意だけで成立する」と「両親の強要ではない」は表裏の関係なので、「両親の強要ではなく(instead of parental coercion)」の文言がなくても、指し示す内容は変わらない。

また、GHQ草案の「男性支配(male domination)」排除の文言が削除されている。この部分は、婚姻の成立と維持において女性の意思が十分尊重されるべきことを示すものだ。とすれば、「相互の同意」の部分について、男性のみならず女性の意思も必要である旨が明確になるような文言にすれば、あえて書く必要はない。そこで、婚姻成立において「男女相互の同意」が必要であること、婚姻中の夫婦は「同等の権利」を持つことを示すことで、最小限まで文言を削ぎ落としたと言えるだろう。

さらに、GHQ草案23条には、「此等ノ原則ニ反スル諸法律ハ廃止セラレ配偶ノ選択、財産権、相続、住所ノ選定、離婚並ニ婚姻及家族ニ関スル其ノ他ノ事項ヲ個人ノ威厳及両性ノ本質的平等ニ立脚スル他ノ法律ヲ以テ之ニ代フヘシ」とする後段部分があった。このうち、新憲法に反する法令の廃止については、別途経過規定が置かれるため、婚姻に関する規定としては不要との判断も当然だろう。他方、家族に関する事項を法律で定める際の諸原則について定める部分については、内容が縮減している。

こうして見ると、3月2日案は簡にして要を得た条文だ。ただ、女性の権利がないがしろにされていた歴史への反省を示す「両親の強要」・「男性支配」を排除する旨の文言が省略されたため、現代の人々にとっては条文の作られた意図が分かりにくくなった面もある。

3月2日案は、3月4日午前10時に、松本大臣からGHQのコートニー・ホイットニー准将に提出された。GHQ担当者と松本大臣との間では激しい口論などがあり、大臣は途中退出することになった。その後、佐藤部長らとGHQ担当者で徹夜の審議が行われた。GHQとの折衝を経た案は閣議決定で了承された。これが「3月5日案」だ。

3月2日案には様々な修正が加えられたが、同37条はGHQにもそのまま承認された。ただ、GHQ草案23条の後段部分のうち、家族に関する事項を法律で定める際の諸原則について定める内容が、2項として復活することになった。

こうして成立したのが3月5日案22条だ。

【3月5日案22条】

婚姻ハ男女相互ノ合意ニ基キテノミ成立シ、且夫婦ガ同等ノ権利ヲ有スルコトヲ基本トシ

相互ノ協力ニ依リ維持セラルヘキモノトス

配偶ノ選択、財産権、相続、住所ノ選定、離婚並ニ婚姻及家族ニ関スル其ノ他ノ事項ニ関シ個人ノ威厳及両性ノ本質的平等ニ立脚セル法律ヲ制定スヘシ

（3）口語化草案と枢密院の修正

3月6日に、3月5日案が政府の憲法改正草案要綱として発表されると、その革新的な内容は反響を呼んだ。特に、天皇の位置づけをめぐって、「国体が変わった」かどうかが注目を集め、憲法学者・宮沢俊義の八月革命説が発表されるなどした。

そうした中、3月26日、国語の平易化を進める「国民の国語運動」という団体から、政府に対し、法令の口語化を求める「法令の書き方についての建議」が提出された。当時の法令は、一般的に「天皇ハ神聖ニシテ侵スヘカラス」式の文語体カタカナで書かれていたが、この建議がきっかけとなり、政府は、新憲法は口語体ひらがなで書く方針を採用した。

口語化憲法改正草案は4月17日に発表され、22条は以下のような規定となった。

【4月17日案（口語化憲法改正草案）22条】

婚姻は、両性の合意に基いてのみ成立し、夫婦が同等の権利を有することを基本として、相互の協力により、維持されなければならない。

配偶者の選択、財産権、相続、住居の選定、離婚並びに婚姻及び家族に関するその他の事

項に関しては、法律は、個人の権威と両性の本質的平等に立脚して、制定されなければならない。

政府の憲法改正草案が完成すると、憲法改正手続きは明治憲法に基づいて進められた。明治憲法56条は、「枢密顧問ハ枢密院官制ノ定ムル所ニ依リ天皇ノ諮詢ニ応ヘ重要ノ国務ヲ審議ス」と定めていた。枢密院はもともと明治憲法草案審議のために設けられた機関だ。明治憲法制定後は、元勲・行政熟達者から勅撰されたメンバーの合議体として、天皇の諮問機関を担っていた。

4月17日、政府の憲法改正草案は枢密院に諮問された。枢密院は、いくつかの字句修正を施した上で、6月8日に草案を可決した。このとき、草案22条の「婚姻は、両性の合意に基いてのみ成立し」の文言は、「婚姻は、両性の合意のみに基いて成立し」と「のみ」の位置を改め、現在の憲法24条の形となった。こうして議会に提出する憲法改正草案が整った。

2　第90回帝国議会審議と政府の説明

（1）第90回帝国議会への上程

1945年12月17日、衆議院議員選挙法が改正され、日本でも男女平等の普通選挙が導入された。1946年4月10日に実施された衆議院議員選挙が、初めて女性に選挙権・被選挙権が認められた選挙となり、466名中39名の女性議員も誕生した(なお、本書執筆時の2023年8月現在、女性衆議院議員数は465名中48名であり、この当時から大きくは増えていない)。この選挙を受け、5月16日、第90回帝国議会が召集され、6月20日に開院式が行われた。

その開院式当日、明治憲法73条の規定する手続きに則り、「帝国憲法改正案」が議会に提出された。改正案は、6月25日、衆議院に上程された。衆議院では、本会議で大枠の審議がなされた後、憲法改正のための特別委員会での詳細審議に進むことになった。

上程された条文は、次の通りだ。

【6月20日案(帝国憲法改正案)22条】

婚姻は、両性の合意のみに基いて成立し、夫婦が同等の権利を有することを基本として、相互の協力により、維持されなければならない。

配偶者の選択、財産権、相続、住居の選定、離婚並びに婚姻及び家族に関するその他の事項に関しては、法律は、個人の権威と両性の本質的平等に立脚して、制定されなければならない。

（2）政府の1項に関する説明

この条文の意味について、政府はどう説明したのかを整理しよう。

まず、22条1項の「両性の合意のみに基いて成立し」の意味について。7月17日の衆議院委員会で、木村篤太郎司法大臣は、次のように説明した。まず、家制度前提の当時の民法では、婚姻について「戸主の同意を要する、或は親権者の同意を要すると云う非常な制限」が置かれている。そうした婚姻の制限を排除して、「両性の合意だけで成立させようと云う趣意」だ。

次に、22条1項の意味は、婚姻における当事者意思の尊重に尽きるか、それとも、婚姻の維持を国民に義務づけるような意味を含むのかについて。同項には、婚姻当事者の意思尊重に続き、「婚姻は」「維持されなければならない」との文言がある。木村司法大臣は、婚姻の維持について「強制的の命令を含んで居る意味ではありませぬ」としつつ、「強く、大いに協力してやった方が宜いじゃないかと云う気持ちが現われて居る」と説明した。

以上を総合すると、政府の理解では、22条1項の前段は婚姻の当事者意思の尊重を定めたもの、後段は、婚姻維持を法的に強制するものではなく訓示規定ということになる。

（3）政府の2項に関する説明

では、22条2項は、どのような意味の規定なのか。

この点は、吉田茂首相自ら説明している。「改正案第二十二条（憲二四条）第二項に於きまして、財産権、相続、家族に関するその他の条項が規定してございますが、これは個人の権威と両性の本質的平等に立脚する旨を制定して居って、その目指す所は所謂封建的遺制と考えらるる、或は封建的遺制と解せらるるものを払拭することが主眼であります」としている（衆議院本会議6月26日）。他方で、吉田は、「戸主権、家族、相続等の否認は致しませぬ」とも答弁し、戸主権という概念自体を全否定する趣旨ではないとした。

前章で見た通り、旧民法の家制度では、戸主に強い権力が認められていた。保守派は、草案22条による家族制度の大変革を懸念しており、政府は、それに配慮しながら答弁を重ねた。ただ、政府答弁から、草案22条が家制度廃止を導くことは明確だ。

家制度の「家」とは、「其団体員の一人を中心人物とし其者即ち戸主と他の家族との権利義務によって法律上連結された親族団体」と定義される（穂積重遠『親族法』岩波書店・1933年・100頁）。現代では、家族は個々の夫婦や親子の関係として理解されるが、家制度の下では戸主を中心として戸主に連なる兄弟や子を一つの単位とし、戸籍もそのように編纂されていた。

木村司法大臣は、8月28日の貴族院本会議で、「戸主を中心とする家族制度は、如何にも封建的色彩を帯びて居り、幾多の弊害を生」じており、草案22条の制定により「個人の尊厳と両性の本質的平等と云うものから立脚致しまして、所謂戸主を中心とする家族制度を無くしようとした」と答弁し、戸主中心の家制度廃止を鮮明にした。さらに9月19日には、貴族院委員会でこの趣旨を端的に、戸主中心・家中心ではなく、「〔核家族という意味での・木村補足〕親子、夫婦中心で我々は考えて行きたい」と表現し、「名答弁」との合いの手も入った。

ところで、草案22条2項は、憲法条項としては珍しく、「相続」や「住居の選定」といったかなり詳細な事項に言及しているのが特徴だ。これを反映してか、帝国議会でも細かい民法上の制度の是非が議論された。例えば、木村司法大臣によれば、夫婦が同等の権利を持ち、両性の本質的平等が要求される以上、婚姻したからといって妻の財産が家長たる夫の財産に合体するわけではなく、「夫の財産は夫の財産、妻の財産は妻の財産として認められる」〔衆議院委員会7月17日〕。「住居の選定」も、両性は本質的に平等であるため、「家庭の間が不和になって、互いに住居を別にするような場合がありましても、〔略〕妻を夫の所へ同棲させると云うようなことは考えて居ない」という〔同上。以上の審議については、清水伸『逐条日本国憲法審議録　第二巻』有斐閣・1962年・第十六章参照〕。

〔4〕帝国議会での文言修正

こうした審議を経て、草案22条は憲法24条として制定されることになった。

衆議院では、「個人の権威」の文言が、「個人の尊厳」へと修正されることとなった。GHQ草案の「individual dignity」に由来する文言だが、日本語で「権威」と言うと、authorityを示す場合が多く、個人の尊厳の方がより適切に趣旨を示せるように思われる。

また、貴族院では、「家族生活はこれを尊重する」との文言を1項として追加する提案が出された。憲法24条は、夫婦関係を中心にした規定だが、そこに親子や家の生活を尊重する旨が必要ではないかという提案である。この規定が入れば、民法に、夫婦中心ではなく、夫婦や核家族としての親子を超えたより広い「家族」の概念が導入される可能性も出てくる。しかし、この修正は、会期が迫っていることもあり、結局、成立しなかった。

おわりに

憲法改正草案は、衆貴両院で必要な賛成を経て可決。1946年11月3日に公布され、翌1947年5月3日に施行されることとなった。最終的に、草案22条は、次の通り、現在の日本国憲法24条となった。

【日本国憲法24条】

婚姻は、両性の合意のみに基いて成立し、夫婦が同等の権利を有することを基本として、相互の協力により、維持されなければならない。

配偶者の選択、財産権、相続、住居の選定、離婚並びに婚姻及び家族に関するその他の事項に関しては、法律は、個人の尊厳と両性の本質的平等に立脚して、制定されなければならない。

当然のことながら、この規定は、日本の民法の大改正を要求する。次章は、憲法24条を踏まえて日本の家族法がどう改正されたかを整理した上で、夫婦の氏とそれが差別の問題とどう関わっているかを検討していくことにしたい。

第12章　憲法24条と家制度（その3）

——新民法による差別解消

はじめに

小中高の社会科の授業や法学部の講義で憲法24条のことを詳しく習った人はあまりいないだろう。しかし、日本国憲法が公布・施行されたとき、この条文は特別な輝きを放っていた。当時を知る人の書いたものを読むとそのことがよく分かる。例えば、長尾龍一教授は次のように語る。

日本国憲法が性別による差別を禁止し（一四条）、「両性の本質的平等」（二四条）を定めて、諸法律の中の不平等な規定を廃止した時の女性たちの喜びは、非常なものであった。私は終戦直後小学校時代を九州の山村で過ごしたが、そこでは食事の座席、風呂の順番から、口のききかたに至るまで、男優位の伝統がそのまま支配していた。若い叔母が何かというと「新憲法」を持ち出し、権利主張をしていたのを覚えている。当時結婚式で新婚夫婦が憲法第二四条を一緒に朗読する、というようなことも行なわれた。（長尾龍一『憲法問題入門』ちくま新書・1997年・100～101頁）

前章まで、憲法24条の成立過程を見てきた。本章では、憲法24条の成立により、家族法における差別をどのように解消していったのかを見ていきたい。

1　民法改正要綱

(1) 臨時法制調査会・司法法制審議会の成立

明治民法は、どのような経緯で改正されたのか。以下、我妻栄編『戦後における民法改正の経過』（日本評論新社・1956年）、中川善之助『新民法の指標と立案経過の点描』（朝日新聞社・1949年）により、まとめていきたい。

1946（昭和21）年6月25日、政府は衆議院に帝国憲法改正案を提出し、憲法改正の審議が進められた。7月2日、吉田茂内閣はこれと並行して、新憲法制定に合致した法律の改正や制定を準備するため、官僚・法曹・学者らからなる臨時法制調査会という諮問会議を設置した。

臨時法制調査会は、7月11日の第1回総会を皮切りに活動を始めた。調査会には、第一部会（皇室及び内閣関係）、第二部会（議会関係）、第三部会（司法関係）及び第四部会（財政関係及び其の他）の4部会が設置され、民法は第三部会で扱われることになった。第三部会のメンバーは、そのまま司法省に設置された司法法制審議会（会長は司法大臣、現在の法制審議会に相当）の委員とされ、臨時法制調査会第三部会は司法法制審議会と一体で運営されることになる。

司法法制審議会は、さらに第一（裁判所法関係）、第二（民事法関係）、第三（刑事法関係）と三つの小委員会に分かれた。帝国憲法改正案22条（現在の憲法24条）が、個人の尊厳と男女の本質的平等に立脚した家族法（親族法と相続法）の制定を要求したことから、旧民法の家族法部分の大改正は必須だった。臨時法制調査会第三部会＝司法法制審議会でもこのことは強く意識され、民法改正の準備が進められた。

7月13日の司法法制審議会第二小委員会で、我妻栄（東大教授）、中川善之助（東北大教授）、奥野健一（司法省民事局長、後の最高裁判事）の3名が新民法の起草委員とされた。我妻・中川はともに1897（明治30）年生まれ。当時は40代の働き盛りで、学界をけん引する民法学者だった。現代では、我妻は伝説的な民法学者、中川は家族法の大家として知られる。起草委員は、同時に指名された8名の幹事とともに早速、新民法の起草作業を進めた。

（2）家制度の廃止

起草委員の間では、作業当初から家制度・家督相続制度の廃止が既定路線だった。起草委員がまとめた民法改正要綱案は、7月30日に第二小委員会で可決された。8月14日、臨時法制調査会第三部会＝司法法制審議会の第2回総会が開かれ、この要綱案が上程された。案の第一では「民法上の『家』を廃止すること」、第三十二で「家督相続を廃止すること」とし、家制度の廃止が明言された。

これについて会議は紛糾した。保守派の委員から、家制度は「わが国古来の美風」「国体の精華」といった指摘が相次ぎ、帝国憲法改正案22条は必ずしも家制度の廃止を要求していないのではないか、といった議論もされたという（中川善之助「民法改正覚え書」中川前掲書所収・6〜8頁）。

これに対し、我妻は、帝国憲法改正案22条の趣旨に従おうとすれば、「家という制度、戸主権という制度は廃さなければならない」と明言し、理解を求めた（我妻編前掲書・43頁）。また、女性委員からも、家制度が女性を抑圧していることが強く指摘された。会議はその翌日・翌々日まで続き、要綱案の第一・第三十二の表現を和らげ、「民法の戸主および家族に関する規定を削除し親族的共同生活を現実に即して規律すること」と書き改めることで妥結した。法律家の目から見れば内容は変わっていないが、そうでない者の目から見ればニュアンスが変わったように見えるだろう。この妥協は、牧野英一委員（後述）の「『家』を廃止」との表現が普通の人から見て強すぎる、との指摘に促されたものだという。

この臨時法制調査会第三部会＝司法法制審議会の総会で承認された要綱案は、8月21～22日の臨時法制調査会第2回総会に上程された。この第2回総会は中間報告会とされたが、各要綱について決議が行われ、民法改正要綱案は修正なく承認された。

臨時法制調査会第三部会＝司法法制審議会の構成員の多くは年配男性だった。戸主の地位にある者も多く、家制度廃止は自らの権利の剝奪と感じられただろう。もっとも、家制度は、家庭において女性を低い地位に置く差別的制度である以上、家制度廃止への反発は、女性差別に対する無頓着さを示している。以降の民法改正論議は、家制度に固執する保守派への慎重な配慮や妥協を伴いながら進められることとなった。

（3）保守派の「陰謀」

9月11日、臨時法制調査会第三部会＝司法法制審議会は第3回最終総会を開いた。この最終総会にて、各法律の要綱が完成する手はずとなっていた。

家制度の温存を図る勢力は、この総会での巻き返しを狙っていた。弁護士で衆議院議員の原夫次《ふじ》郎《ろう》委員は、会議冒頭、新憲法に関する政府所見を聴いた上で最終審議をすべきとする緊急動議を行った。これを受け、入江俊郎法制局長官が、帝国憲法改正案22条は、必ずしも戸主・家督相続・家の全廃を要求するものではなく、個人の尊厳・男女平等に反するものを取り除かなければならないという趣旨だと説明した。同条には「家制度を廃止する」などと明文で書かれているわけではないので、入江長官のような説明も不可能ではない。もっとも、「個人の尊厳や男女平等に反しない家制度」が、どのような制度なのかを想像することは、あまりに困難だが。

この入江発言を受け、保守派の委員は、家制度の廃止は民情に反するし、その存続も違憲ではないなどとして、民法改正要綱案の再審・再議決を要求した。これに対し、中川善之助委員は、要綱案賛成の立場から、第2回総会決議は、確かに名は中間の「報告会」ではあるが、実質は、中間決定のための重要な総会であり、決議はあくまで総会の「決議」だとした上で、家制度の廃止は民情に反しないばかりか、家族を支配する戸主の地位や長子相続の制度を存続させるのは新憲法の下では全く不可能であると強調した。結局、再審議の提案は否決され、第2回総会で承認された民法改正要綱案にて答申することが決定された。

保守派委員が、入江長官を呼び出して、家制度合憲論から再議決を図る流れを、中川は「あの陰謀」と表現している（我妻編前掲書・70頁）。家制度をめぐる攻防のクライマックスは、この臨時法制調査会第三部会＝司法法制審議会の第3回最終総会だった。

（4） 牧野の提案

民法改正要綱は、10月22～24日に開催された臨時法制調査会第3回総会に上程された。ここでも波乱があった。

この総会には、牧野英一が委員として参加していた。牧野は長らく東京帝国大学教授を務めた刑法学の大家で、我妻・中川らの恩師でもある。臨時法制調査会では、家制度の温存を図る保守派とは一線を画したが、親族・親子の法的紐帯の価値を認める独特の立場をとった。この第3回総会では、親子間扶助の問題を指摘し、①家族生活の尊重、②直系血族・同居親族の協力扶助義務、③親族は共同の祖先に対する崇敬の念をもって和合すべきこと、の三つを民法改正に盛り込むことを主張した。保守派委員からは賛成の声が上がったものの、調査会の大勢は否定的だった。そこで、保守派委員は表決に持ち込むことを回避し、牧野修正案を「希望意見」として要綱に附記する妥協が成立した。

牧野の提案は、「祖先に対する崇敬の念」を民法に書き込もうとする点で、過度に保守的に見える。他方で、我妻ら起草委員が軽視しがちだった親族間・親子間の相互扶助の視点を指摘した点は、「保守的」とのみ評価すべきなのかよく分からない。ケアの重要性に注目が集まる現代から見たとき、牧野がケアを親族間・親子間の問題と捉えた点は妥当とは言えず、明治から現代も続く公助の不足につながる面もある。ただ、公的福祉の不十分な戦後において、自立した生活が困難な人々に目を向け、ケアの必要性を訴えたこと自体は、現実主義的とも言えるのではないだろうか。少なくとも、牧野を安易に反動勢力の一端と位置づけるべきではない。

ここで調査会の議論は終了し、民法改正要綱は臨時法制調査会総会の承認を得ることとなった。

2　臨時特別措置法

民法改正要綱が臨時法制調査会総会で承認された後、11月3日に日本国憲法が公布された。同年12月28日、最後の帝国議会となった第92回帝国議会が開会する。翌1947（昭和22）年5月3日の新憲法施行に向け、この議会で民法改正案を成立させる必要があった。しかし、解散を間近に控えた議会は欠席者が多く、民法改正を議論できる状況ではなかった。

そこで、新民法制定までの応急措置として、急遽、「日本国憲法の施行に伴う民法の応急的措置に関する法律（昭和22年法律第74号）」を制定することになった。この法律は、1947年3月13日に法案閣議決定、28日に衆議院で可決、第92回帝国議会閉会日の31日に貴族院で可決され、4月19日に公布された。10か条からなる簡潔なものだが、旧民法の家制度のどこに問題があったのかを端的に示している。概要を紹介しよう。

この法律は、1条で「日本国憲法の施行に伴い、民法について、個人の尊厳と両性の本質的平等に立脚する応急的措置を講ずることを目的とする」と宣言し、以下のような規定を置いた。

まず、家制度について。家制度は、戸主の包括的支配権の下に個人を従属させるもので、個人の尊厳を害する。そこで、「戸主」と「家」に関する規定は適用されないとした（3条）。また、長男以外の子どももそれぞれ平等に尊重されるよう、長男優先の家督相続規定は排除され、子どもが均分相続することとなった（7〜9条）。

次に、婚姻関係について。旧民法では、婚姻には戸主のみならず、父母の同意が要求された。これは憲法24条1項の明文に反するため、「成年者の婚姻、離婚、養子縁組及び離縁については、父母の同意を要しない」とされた（4条）。

最後に、女性差別の解消について。旧民法の女性の法律上の能力の制限規定の適用は排除され（2条）、夫の不貞行為も離婚原因とされるようになった（5条3項）。未成年の子の親権は男女平等とされ、父母婚姻中は夫婦対等の共同親権（6条1項）、離婚その他、父母が婚姻関係にない場合には協議または裁判所の決定によるとされた（6条2項・3項）。

この法律はあくまで応急措置であり、1948（昭和23）年1月1日以降、効力を失うとされていた（附則2項）。

3　新民法の起草

最後に、民法本体の条文制定の経過をまとめよう。1に見た民法改正要綱は、あくまで要綱であり、これに基づいて具体的な条文を起草する必要があった。この作業は、我妻・中川・奥野の起草委員と、8名の幹事によってなされた。

まず、1946(昭和21)年7月31日から8月5日までで幹事案が作成され、これが第一次案となった。幹事たちは、8月6日から沼津・千本松原にある別荘で合宿し、条文起草作業を進めた。8月16日からは、臨時法制調査会第三部会＝司法法制審議会の審議を終えた我妻ら起草委員が合流し、8月20日に第二次案(沼津案)ができた。沼津では、「氏」の扱いが特に議論された。家制度の下では、氏は家の名称であり、家への帰属を表す記号として明確な意味を持っていた。しかし、家制度が廃止されれば、氏の位置づけは宙に浮くことになる。氏の位置づけは沼津合宿では結論が出ず、各委員・幹事の宿題となる。

9月11日の臨時法制調査会第三部会＝司法法制審議会第3回最終総会の後、9月23日から30日まで、起草委員会は山中湖畔の別荘で再び合宿を行い、第三次案(山中案)が成立した。

山中案では、氏と実生活を結びつけることが想定されており、「引取り」という概念の導入などが検討された。例えば、再婚で母の氏が新夫の氏に変わる場合、新夫が連れ子を「引取り」、同氏にできることとされた。しかし、後の作業で、氏に実体的意味を持たせることは否定され、「引取り」条項も消滅した。

その後、法案は何度も議論・修正され、1947(昭和22)年7月11日に最終第八次案が成立した。最終第八次案成立に至る過程で特に問題となったのが、臨時法制調査会第3回総会の牧野委員の「希望意見」の扱いだった。起草委員会では、牧野委員の熱心な主張を無碍にするのも忍びないということで、730条に「直系血族及び同居の親族は、互に扶け合わなければならない」という規定が設けられることになった。この規定は現在でも残っている。

第八次案は、同年7月15日に閣議決定され、23日に第1回国会に「民法の一部を改正する法律案」として上程された。衆議院では、公共の福祉の文言（民法1条1項）の修正、および権利濫用の禁止規定（同1条3項）の付加の他は、原案通りに可決された。

他方、参議院では、①届出がなくとも婚姻の成立を認める事実婚主義を採用し、②協議離婚は全て家事審判所の確認を要する、とのかなり大胆な修正案が審議され、②が可決された。これを衆議院で本格的に審議しようとすれば、審議未了・廃案のおそれもあった。しかし、衆議院は3分の2以上の多数で衆議院可決案を再可決し（憲法59条2項参照）、参議院の修正案を排斥することで新民法を成立させた。

おわりに

以上の制定過程を見ると、当時の有識者の中にも家制度に固執する意見は強く、憲法24条による家制度廃止への道は平坦ではなかったことが分かる。しかし、新民法の起草者たちの努力は実り、個人の尊厳と男女平等を実現する新民法は成立した。

20世紀半ばの家族法を見ると、欧米諸国でも、親権について父を優位させたり、夫の氏を称することを原則としたりするなど、男女不平等な内容が多く盛り込まれていた。憲法24条の精神に基づく日本の新民法は、非常に先進的だったと言える。次章は、新民法の具体的内容を整理した上で、夫婦の氏と差別の問題を掘り下げることにしたい。

第13章　憲法24条と家制度（その4）
——新民法と家事審判

はじめに

文学作品は、書き換えられることなく、受け継がれる。夏目漱石『草枕』の名文は、ずっと変わらない。これに対し、法律は、柔軟な改正システムを持ち、時宜に応じて書き換えられ、古い制度は消滅していく。消滅した法律はやがて意識されなくなり、現行法が自明なものに感じられることもある。

しかし、法律が廃止されたときの議論を振り返ると、現行法の理念が思い起こされ、その制定のために多大な努力があったことが分かる。前章まで、新民法の制定過程を見た。本章では、新民法の概要と、それに関連して整備された裁判制度を紹介しよう。

1　新民法の概要

新しい家族法の内容を定めた「民法の一部を改正する法律案」は、日本国憲法施行直後の第1回国会で審議され、1947年12月22日に公布、1948年1月1日から施行された。その概要を整理しよう。

(1)　核家族モデル

「家」制度は、家族の単位を無限に連なる親子に求める。観念的には、何百年と遡ることのできる先祖とその子孫全てが同じ家の一員になり得る。しかし、あまりに広げすぎては、統率がきかなくなる。また、亡くなった者は、財産を持ったり、意思を決定したりはできない。そこで、家制度は、その家の中心人物（多くは年長の男子）を決め、その者と一定の関係を持つ集団を一つの単位とした。家制度における「家」は、「其団体員の一人を中心人物とし其者即ち戸主と他の家族との権利義務によって法律上連結された親族団体」（穂積重遠『親族法』岩波書店・1933年・100頁）と定義された。

これに対し、新民法は、家族の単位を核家族とした。核家族は、夫婦と独り立ち前の子から構成される。子は、いずれ独立し、パートナーと新しい核家族を形成する。

（2）婚姻

家制度から核家族モデルに変わったことで、婚姻制度は大きく変わった。

家制度の下での婚姻は、嫁（婿）が夫（妻）の「家に入る」制度なので、夫婦だけでなく、それぞれが所属する家全体にも影響を与える。このため、「家族カ婚姻又ハ養子縁組ヲ為スニハ戸主ノ同意ヲ得ルコトヲ要ス」とされ（明治民法750条1項）、夫婦それぞれの家の戸主の同意が要求された。また、「子カ婚姻ヲ為スニハ其家ニ在ル父母ノ同意ヲ得ルコトヲ要ス但男カ満三十年女カ満二十五年ニ達シタル後ハ此限ニ在ラス」として（同772条1項）、一定年齢までは父母の同意も要求された。

これに対して、核家族モデルの下では、婚姻は当事者の関係を形成するだけだ。憲法24条1項に「婚姻は、両性の合意のみに基いて成立」すると明記されたのを受け、新民法では、婚姻に関する戸主・父母の同意規定は全て削除された。また、「婚姻は、戸籍法……の定めるところにより届け出ることによって、その効力を生ずる」（民法739条1項）とされ、夫婦となる当事者が戸籍法所定の届出を行えば、それだけで婚姻が成立することとなった。

なお、旧民法では、嫁入り（婿入り）する妻（夫）が相手の家の戸籍に「入る」ので、婚姻のことを「入籍」と言った。しかし、新民法では、婚姻する際には、新しい核家族を形成し、新しい戸籍を創ることになる。こうした現象を正確に表現したければ、「創籍」とでも言うべきだろう。

新民法では、婚姻が成立した場合、「夫婦は同居し、互いに協力し扶助しなければならない」（民法752条）。これを同居義務・相互扶助義務と言う。また、夫婦はお互いに他の者と性関係を結ばないという貞操義務を負う。相手が貞操義務に違反した場合には、夫婦いずれからも離婚を請求できる（同770条1項1号）。

旧民法下では、妻の不貞行為はそれだけで離婚事由となったが（明治民法813条2号）、夫の場合は、不貞行為が強制性交罪（姦淫罪）に該当するときだけ離婚事由となっていた（同3号）。この不平等は、新民法の離婚事由の規定によって解消された。

（3）氏

家制度の廃止に伴い「氏」の扱いが問題となった。

家制度の下では、氏は家の名だ。戸主をはじめ家の構成員は、「戸主及ヒ家族ハ其家ノ氏ヲ称ス」（明治民法746条）とされ、家の氏を名乗ることが求められた。「妻ハ婚姻ニ因リテ夫ノ家ニ入ル」（同788条1項）ので、夫婦は当然に同氏となる。旧民法の夫婦同氏制は、家制度の論理的帰結だった。もっとも、家制度下の「夫婦同氏制」は、「夫婦が同氏になる」というより、「夫婦ともども同じ氏を名乗る家の一員になる」のであって、「家員同氏制」と言った方が正しい。

これに対し、核家族モデルの下では、「家」もその名前である「家の氏」も存在しない。だから、夫婦は、その両親や兄弟姉妹と同じ氏を称する必然性はない。というより、氏という制度を維持する必要がない。夫婦別氏でも何も問題はないし、もっと言うなら、次章で紹介するように、氏をなくして名だけにすることすら可能だ。

もちろん、核家族の名前として氏を使う制度も考えられる。ただ、夫婦は、婚姻の際に父母とは異なる新しい家族を形成するので、「夫婦の氏」は婚姻の際に新たに創られる。制度設計としては、「夫婦の氏」を夫・妻の元の氏以外から選ぶことも考えられるが、新民法は、「夫婦は、婚姻の際に定めるところに従い、夫又は妻の氏を称する」（民法750条）として、新しい氏を夫・妻のどちらかの元の氏から選ぶこととした。

（4）相続

家制度の廃止は、相続法にも大きな影響を与えた。家制度の下では、相続には、「家督相続」と「遺産相続」の2種類があった。前者は、戸主の地位の承継、後者は、戸主以外の者が亡くなった場合の財産の相続のことだ。家督相続では、戸主の死亡や隠居等があったとき（明治民法964条1号）、その直系嫡出男子が優先で（同970条1～3号）、戸主の権利・義務の全てを承継する（同986条）。戸主以外の遺産は、被相続人の子や孫が相続したが（同994条）、家族の財産の多くは「戸主ノ財産」と推定され、戸主に集中するしくみだった（同748条2項）。

他方、新民法は戸主の地位と家督相続を廃止し、全ての財産を個人の遺産として相続させることとし、被相続人の配偶者と子を相続人とすることを原則とした。子の相続分について、非嫡出子の差別は残存したが、長男優先の原則はなくなり、子の間の均分相続が実現した（民法900条参照）。

（5）男女平等の実現

このように、新民法は、憲法24条の精神に則り大改正された。男女の不平等は一掃され、妻の無能力規定も、長男優先相続も、不貞行為に関する夫婦の不平等も消滅した。

2 家事審判法・家庭裁判所の成立

（1）訴訟と家事事件

新憲法・新民法の制定に伴い、家事事件の手続きと裁判所の組織も大きく改正された。

訴訟は、当事者が原告と被告に分かれ、公開の法廷で互いに主張し、どちらの主張が正しいかを決める手続きだ。ビジネスでのトラブル処理や不法行為の賠償など、当事者同士の関係が比較的ドライまたは無関係な場合は、そのような手続きでもよいだろう。

しかし、婚姻や親権、親族関係をめぐる家事事件では、公にしたくないこともたくさんあるだろうし、手続き後も親密な関係を続けざるを得ないことも多い。このため、新憲法の制定以前から、家族法に関わる事件には通常の訴訟手続きとは別に、特別の手続きを作ろうとする構想があった。

(2) 大正期の家庭審判所構想

その構想が具体的に動き出したのは大正時代だった。1919(大正8)年7月、原敬内閣は、「臨時法制審議会」という審議会を設置し、民法改正の審議を求めた。同審議会の委員の中から10名の主査委員が指名され、同年9~10月の主査会議では、「温情ヲ本トシ道義ノ観念ニ基キ穏健ナル斯法ノ運用ヲ図ル為家庭審判所ヲ設置シ之ヲシテ人事ニ関スル事項ノ審判調停ヲ為サシムルヲ可トセサルヤ」(調査要目(其二)第六)が議題の一つとされた。

1921(大正10)年、主査会議は、検討の結果として「温情ヲ本トシ道義ノ観念ニ基キテ争議ノ調停及ビ審判ヲ為サシムルヲ以テ我邦ノ醇風美俗ニ合スルモノト認メ審判所ノ組織、権限並ビニ調停、審判ノ手続及ビ効力等ニ付」き要綱を定めるべきと議決する。臨時法制審議会本体もこれを認め、1922(大正11)年、内閣に家事審判のための特別の制度を設けるべしとする中間報告を行った。政府は、1924(大正13)年から司法省で準備を進め、1927(昭和2)年には、家事審判法案が作られた。

しかし、この構想は戦前には十分に実を結ばず、一部が1939(昭和14)年に人事調停法として成立したのみだった。

(3) 家事審判法

戦後、新憲法・新民法の個人の尊厳・両性の本質的平等という理念を実現するために、家事事件のための新しい手続きを作ろうとする動きが生じた。

前章で見た通り、戦後直後の1946(昭和21)年、新しい憲法体制の下での法整備のため臨時法制調査会第三部会=司法法制審議会が立ち上げられた。この第3回総会で決議された「民法改正要綱」の第四十二は、「親族相続に関する事件を適切に処理する為速に家事審判制度を設くること」とする。これ以降、民法改正草案作りと並行して、家事事件のための特別な審判手続きと裁判組織のための法案準備が進められた。その際、大正期の法案等は重要な資料とされた。大正期の構想がなければ、短期間での家事審判法の制定は難しかっただろう。

新憲法施行直後の1947(昭和22)年12月6日、家事審判法が制定・公布された。これは、通常の訴訟を扱う裁判所とは別の「家事審判所」に甲類・乙類の審判事件の手続きを委ねる内容となっている。甲類審判事件とは、後見人や特別代理人の選任、相続放棄の承認といった必ずしも当事者の対立構造のない審判事件、乙類審判事件とは、夫婦間の同居義務の履行方法に関する争いや、別れて暮らす父母のいずれが子の監護者となるかを指定する審判など、対立構造がある審判事件だ。

家事審判法は、その後も数次にわたり改正された。さらに、2011(平成23)年には、他の訴訟法の発展を受け、当事者の手続き保障を拡充するなどの大改正が行われ、名称も「家事事件手続法」へと変更された。

(4) 家庭裁判所の発足

こうして、新民法の制定に伴い「家事審判所」が発足した。この家事審判所は、1948(昭和23)年の裁判所法改正によって、少年事件を扱う「少年審判所」と合併した上で、「家庭裁判所」と改称された。これが現在の家庭裁判所の出発点となる。

家庭裁判所の特徴は、医学や心理学、社会学、精神医学など法律以外の専門的知識を持つ家裁調査官を置くところにある(裁判所法61条ノ2参照)。夫婦間の問題解決や子どもの監護に関する事柄を判断する際には、そうした専門的知識を持つ者の調査が重要だ。

専門的知識の利用は、戦後に初めて導入されたものではない。1922(大正11)年に少年法が制定されて以降、少年事件の審判を扱う少年審判所には、少年保護司が専任で置かれていた。その後、1951(昭和26)年に裁判所法が改正され、家庭裁判所に少年調査官と家事調査官が置かれ、1954(昭和29)年に少年調査官と家事調査官の職が統合され、家裁調査官となった。

以上の経緯については佐上善和『家事事件手続法Ⅰ』(信山社出版・2017年)を、また、資料については堀内節編著『家事審判制度の研究』(日本比較法研究所・1970年)、同『続家事審判制度の研究』(日本比較法研究所・1976年)を参照した。

（5）家事審判の理念

家事審判制度の理念を「醇風美俗」に基づく事件処理を目指した大正期の構想に求める者もいる。しかし、家事審判法自身は、「個人の尊厳と両性の本質的平等を基本として、家庭の平和と健全な親族共同生活の維持を図る」ことを立法目的に掲げた（家事審判法1条）。制度導入は、あくまで新憲法・新民法の理念の実現のためのものと理解すべきだろう。

また、訴訟とは異なる審判制度を設ける意義について、我妻栄教授は次のように述べる。

裁判手続において当事者は公開の法廷で対立抗争し、裁判官はただ権利義務の存否を確認し宣言するという消極的な職分を守るべきものとしました。それが口頭弁論主義であります。いわばフェアプレーのルールであります。

ところが、形式的な法律で細かな点まで権利義務を定め、口頭弁論主義で争わせますと、高い金を出してよい弁護士を雇って争うことが有利となりますから、とかく経済的社会的に優位にあるものの勝利となる傾向を示します。そこで法律の理想は次第に当事者の実質的な平等を実現しようとするようになりました。〔略〕裁判手続でも、裁判所は、従来の消極的な、角力の行司のような地位から一歩前進し、当事者の紛争の裡《うち》に入ってこれを解決しようとする積極的な、いわゆる後見的立場に立つようになりつつあります。

夫婦関係はその最も顕著なものであります。夫婦を口頭弁論主義で争わせては、家庭内のプライバシーを破壊して却って争いを紛糾させますが、それだけではありません。その争いはとかく力の強い夫の勝利となり、夫婦の平等は実現されない、と私は考えるのであります。（我妻栄「裁判を受ける権利」『民法研究Ⅷ　憲法と私法』有斐閣・1970年・450頁）

一般論として、夫婦の間には依然として大きな格差がある。だからこそ、家庭裁判所は中立的裁定者にとどまらず、実質的平等を実現するために紛争に踏み込まなくてはならない。我妻教授のこの指摘は、家庭裁判所の運用において、現在でもなお重要と思われる。

おわりに

日本の女性法曹の草分けであり、初の女性高裁長官となった野田愛子氏は、次のように述べる。ここで紹介された立石芳枝教授は、1935年に東京帝国大学大学院に進学し、日本女性として初めて法学博士号を取得した女性法学者だ。

この年〔1947年・木村補足〕は、私がちょうど司法試験に合格した年であった。私は、恩師というより敬愛する先輩立石芳枝先生に試験合格のご報告をしようと、明大記念館脇の坂を登っていくと、途中で、先生が坂の上から降りて来られるのにぱったり出くわした。先生は私の顔を見るなり、開口一番「憲法が変わって男女平等になったのよ。素晴らしいわね。」と、声を弾ませて言われた。このときのことは私の脳裏に深く刻まれ、憲法記念日が巡って来るたび、あのときの立石先生の弾んだ声が胸に蘇ってくるのである。〔略〕家族制度のもとでの女性の劣悪な法律上の地位について、毎日のように講義をしておられた立石先生にとって、憲法改正に続いて改正民法が宣言した家族法上の男女の平等が、どれほどの解放感と感動をもたらしたか、痛いほどよくわかるのである。（野田愛子「とっておきの話」『家庭裁判所とともに』日本加除出版・2003年・337～338頁）

ここまでに紹介した憲法24条の精神と、それに伴い整備された新民法や家事審判・家庭裁判所の理念は、これからも常に思い出されるべきだろう。

次章は、以上に紹介した新民法制定の経緯を踏まえ、差別問題としての夫婦別姓問題を検討することにしたい。

第14章　夫婦同氏問題と合理的配慮

はじめに

同じ行為でも差別になる場合とそうでない場合とがある。例えば、①学校が始まってすぐの席決めで、担任がA君を一番後ろの席にしたとする。クラスの誰かは後ろの席になるのだから、これは差別とは言い難いだろう。他方、②A君が「視力が悪いので前の席にしてもらえませんか」と申し出たのに、担任がそれを無視して、A君を一番後ろの席にし続けたらどうだろうか。一般にクラス内の席替えは容易であることからすれば、それは差別とみなされるだろう。

同じ「A君を一番後ろの席にする」という行為であっても、①は差別ではなく、②は差別だ。両者を分けるのは、「合理的配慮がなされたのか」だ。本章では、この合理的配慮の視点から、夫婦同氏制の問題を検討してみたい。

現在の民法は、夫婦が同じ氏を「称する」ことを要求しており、別姓の選択を認めない。この点について、これまでは、女性差別の問題として議論されることが多かった。夫の氏を称する夫婦が圧倒的に多く、女性が氏変更に伴う負担を負うことが多かったからだ。

ただ、氏変更率の格差を解消したいだけならば、婚姻届を出す際にサイコロで氏を決定したり、新氏を決定したりする方法でも解消できるはずだ。しかし、それは、夫婦別姓を求める人々の望むところではない。これが何を意味するのか。夫婦別姓問題は、実は、女性差別問題ではない、ということだ。

では、何が問題なのか。「合理的配慮の否定による別姓希望カップルへの差別」こそが、問題の核心ではないか。以下、この点を検討してみよう。

1　差別禁止と合理的配慮

(1) 障害者の権利に関する条約と合理的配慮の定義

近年、障害者差別解消の分野で、「合理的配慮」の概念が重要視されるようになった。2006年、国連にて「障害者の権利に関する条約」が採択されると、日本は2007年に署名し、国内法の整備に取り組むこととなった。まず2011年に障害者基本法が改正され、2012年に障害者総合支援法、2013年には障害者差別解消法が制定された。さらに、同年には、障害者雇用促進法が改正されている。こうした条約参加の準備を済ませ、2014年、日本は条約批准の手続きを済ませた。

「障害者の権利に関する条約」のポイントは、障害者を受動的な保護の対象ではなく、能動的な権利の主体と位置づけたことだ。

条約は、障害者には差別されず、自由に生きる権利があると宣言する（前文(b)(c)参照）。その上で、条約締約国に「障害者に対する差別となる既存の法律、規則、慣習及び慣行を修正し、又は廃止するための全ての適当な措置（立法を含む。）をとること」を求める（4条1項(b)）。さらに、締約国は「全ての者が、法律の前に又は法律に基づいて平等であり、並びにいかなる差別もなしに法律による平等の保護及び利益を受ける権利を有すること」を認め（5条1項）、「平等を促進し、及び差別を撤廃することを目的として、合理的配慮が提供されることを確保するための全ての適当な措置をとる」こと（同3項）を求められる。

条約によると、「合理的配慮」とは、「障害者が他の者との平等を基礎として全ての人権及び基本的自由を享有し、又は行使することを確保するための必要かつ適当な変更及び調整であって、特定の場合において必要とされるものであり、かつ、均衡を失した又は過度の負担を課さないもの」を言い、「合理的配慮の否定」は「差別」の一形態とされる（2条）。

（2）合理的配慮の二つのポイント

合理的配慮の定義には、ポイントが二つある。

第一に、これは特権を求めるものではない。「他の者との平等」を基礎に、障害のない人であれば誰もが持っている権利や機会を得るために必要な配慮を求めるものだ。例えば、「無償でプライベートジェットを所有できる権利」は、誰でも当たり前に持っている権利ではないから、それを求めるのは合理的配慮の申し出とは言えない。他方、「一般料金を支払って一般の旅客便を利用できる権利」は、合理的配慮の対象になろう。

第二に、「均衡を失した又は過度の負担を課さない」範囲の配慮という点も重要だ。障害は多様で、必要とされる対応も多様だ。仮に、その対応のために、経営が傾くほどの投資が必要だったり、業務ができないほどの人員の集中が必要だったりする場合、それを断ったとしても、差別が背景にあるとは言い難いだろう。これに対し、本章冒頭の席替えのように、ほとんど何のコストも必要ない場面であえて配慮を断れば、それは障害に対する差別感情を前提にしたものと理解せざるを得ない。

この合理的配慮の要請は、国内の障害者関係の法律にも取り込まれた。障害者差別解消法5条は「行政機関等及び事業者は、社会的障壁の除去の実施についての必要かつ合理的な配慮を的確に行うため、自ら設置する施設の構造の改善及び設備の整備、関係職員に対する研修その他の必要な環境の整備に努めなければならない」と定める。また、障害者雇用促進法も、労働者の募集・採用の場面（36条ノ2）、採用した障害者の労働の場面（36条ノ3）で、合理的配慮を求める。これは、「事業主に対して過重な負担」とならない範囲で、他の応募者・採用者・労働者と平等な機会を確保するためのものとされる。

差別は、暴言（ヘイトスピーチ）や暴力（ヘイトクライム）、雇用の拒否（雇用差別）だけでなく、配慮の申し出があったときに、合理的な理由なくそれを拒否するという形をとることもある。特に、障害者差別の場面では、障害者を積極的に攻撃しなくても、ただ無視するだけで、差別の目的は実現できてしまう。この「合理的配慮」という概念は、消極的な差別を洗い出すために、極めて重要な概念だと言えよう。

2　夫婦同氏制

合理的配慮は、障害者差別の領域で発展した概念だが、実は、あらゆる差別に適用できるし、すべき概念だ。他の者が当たり前に持っている権利や利益を得られない人がいて、配慮が容易なのに放置していた場合、それは差別に基づくものと言わざるを得ない。

夫婦同氏の問題も、合理的配慮の概念から検討してみよう。

（1）民法750条と氏の意義

現在の民法750条は、次のように定める。

【民法750条】
　夫婦は、婚姻の際に定めるところに従い、夫又は妻の氏を称する。

この規定があるため、婚姻する夫婦は、同氏を称することを強制される。では、夫婦の称する氏を同じにする意義はどこにあるのか。

この点、旧民法の家制度では、氏は家の名であり、家に属する者全てが同じ氏を称すること自体には十分な理由があった。第10章でも紹介したように、旧民法の夫婦同氏制は、夫婦が同じ「夫婦の氏」を称するのではなく、妻（夫）が、夫（妻）の家に入り、「夫（妻）が属している家の名」を称するようになる制度だ。

他方、新民法では、家制度は解体された。このため、氏は、家の名ではあり得ない。婚姻も、夫と妻が対等に一対一の関係を結ぶものだ。だから、同じ氏になる必要は必ずしもない。憲法学者の宮沢俊義教授は、新民法の要綱が発表された際、新民法の氏について、次のように評している。

ところで、話がここまで来てみると、いったい「家」がなくなるのに「氏」を残す必要がどこにあるのか、という問題が生ずる。「家」がなくなる以上、「家」の名もなくなるのが自然ではないかという議論が出てくる。

「氏」がないと戸籍の作製に不便だという人がある。かりにそうだとしても、戸籍の便宜のために「氏」を残すというのも変な話だし、それに「氏」を標準にしないと日本人の身分の登録ができないという理窟はどこにもない（ついでながら、「家」がないのに「戸」籍というのはおかしい）。

とにかく、国破れて山河あり、「家」破れて「氏」ありというわけであるが、「家」はなくなっても「氏」がなくなるわけにいかない理由を、誰かにしっかり教えてもらいたいものである。（宮沢俊義「家破れて氏あり」『法律タイムズ』第1巻6・7号・1947年）

（2）氏の法的効果

では、新民法では「氏」にどのような意味があるのか。この点、起草過程では、①氏と姻族関係の終了を結びつける案と、②氏と子どもの親権を結びつける「引取り」という概念の創出が検討された。しかし、氏に法的効果を結びつけることは、家制度を残存させることになりかねないなどの懸念があり、それらの案は採用されなかった（我妻栄編『戦後における民法改正の経過』日本評論新社・1956年、①について118〜125頁、②について152〜162頁参照）。

新民法の起草者たちが、氏を姻族関係や親権などの法的効果に結びつけるのを意図的に避けた結果として、婚姻の際に決めた氏の法的効果は、夫婦でそれを「称する」という一点に尽きることとなった。

ところが、その唯一の法的効果すら、実際にはないがしろにされている。民法750条の法的効果を文字通り理解するなら、夫婦は社会生活において、婚姻の際に決めた新しい氏を名乗らねばならず、仕事で婚姻前の氏を名乗ったり、元の氏の名義で銀行口座を作ったりしてはならないはずだ。いわゆる「通称使用」・「旧姓使用」は民法750条違反ということになろう。また、通称使用を前提に、形の上だけ「夫（妻）の氏」を名乗る旨を記載した婚姻届を出すことは、「民法750条が定める法的効果を受け入れるつもりはない」という点で、「偽装結婚」の一種であり、婚姻の意思を欠いており無効にすべきではないか。

しかし、実際には、そんな扱いはされていない。仕事や契約書、銀行口座名義での通称使用は広く認められている。現在では、衆参の両院、内閣、裁判所の三権機関のいずれもが、国会議員、国務大臣、裁判官に通称使用を認めている。国の最重要機関がそろって民法750条の「脱法」を認めているのに、誰も違和感を持たない。通称使用前提の婚姻も当たり前で、それが無効だなどという意見は社会通念に反するだろう。

要するに、民法750条は、実際の運用では、守っても守らなくてもいい条文、法律用語で言えば「任意規定」として扱われているのだ。

（3）別姓希望カップルの不利益

しかし、通称使用が「権利」として保障されているわけではない。このため、勤務先の企業や、預金をしている銀行、公的な書類を発行する役所がそれを認めなかった場合、仕事場や戸籍・パスポートなどの書類で別氏を称することはできない。

別氏の維持が公式の証明書などで認められないと不利益を受ける人は多い。国際的に活動するビジネスパーソンや研究者の場合、普段使っているのとは異なる戸籍上の氏がパスポートに表示されると、偽名を使って何か問題を起こそうとしているのではないかと見られたりする。仕事を継続する上で、過去のキャリアの表示が重要な人にとって、戸籍などの公式書類から生来の氏が消えることは不便が大きい。その他にも、銀行口座やクレジットカードなど、氏名変更手続きは煩雑だし、元の氏に愛着を持つ人もいる。

かといって、こうした事態を避けるために、法律婚を回避すると、様々な不利益が生じる。まず、婚姻関係を証明する戸籍を持てない。そうなると、パートナーが病気になって入院したときなどに、「赤の他人」のように扱われる可能性もある。子どもができても、共同で親権を行使できないし、相続には遺言がいる。遺言は厳格な形式が必要で、無効と扱われたら相続ができないのに対し、民法の定める通りの配偶者の相続は非常に簡単で、遺留分という制度で強く守られている。相続税の配偶者相続の優遇措置など、租税法・社会保障法上の優遇も多い。

別姓希望カップルにとって、「氏変更の不利益」と「婚姻できない不利益」とを天秤にかけることを余儀なくされる苦痛は大きい。

(4) 合理的配慮の否定としての夫婦同氏制

民法の起草過程を見る限り、起草者たちは、別姓によって生じる不利益を十分に認識していなかったと思われる。したがって、起草・制定時点で、起草者たちや国会の差別的意図を認定するのは難しいだろう。

しかし、今日では、夫婦同氏制の不利益が指摘されて久しい。ここまで見てきた通り、現在の民法では「氏」は、姻族関係や親権などの法的効果とは無関係だ。また、同氏を称することを求めた民法750条はほぼ空文化しており、社会一般に、大して重要な条文ではないと扱われている。つまり、別氏を称することを認める改正をしても、特段の問題は生じないし、それで困る人もいない。他方、別姓希望カップルの不利益は大きい。

別姓希望カップルに配慮しても過剰・不均衡な負担は生じないのに、配慮を否定する。これは、典型的な合理的配慮の否定だ。夫婦同氏制の維持は、差別の一種と言わざるを得ないだろう。

おわりに

選択的夫婦別姓を認めない今日の国会の態度は、合理的配慮の否定という差別の一種だ。最後に、この問題が司法の場でどのように扱われているかを紹介しよう。

２０１１年に、民法７５０条の違憲を訴え、国家賠償を請求する訴訟が提起された。これが第一次夫婦別姓訴訟だ。原告らは、氏を変更しない自由（憲法13条）、夫の氏を称する夫婦が96％に上るという氏変更率の男女の不平等（同14条1項）、婚姻する自由（同24条）などの権利の侵害を主張した。しかし、最大判平成27年12月16日民集69巻8号２５８６頁は、民法７５０条は氏変更や婚姻を強制するものではないから自由権の侵害はなく、氏変更率の不平等も同条が強制したものではないとして、訴えを退けた。

そこで、２０１８年、原告たちは、同氏を合意したカップルは婚姻できるのに、別姓を希望すると婚姻ができないのは、差別的取扱いであり、民法７５０条は平等権の侵害だと主張して、婚姻届の受理を求める申し立てを行った。これが第二次夫婦別姓訴訟だ。

この新しい平等権侵害の主張に対し、東京家裁立川支部審判平成31年3月28日平成30年（家）第６１２号は、「夫婦同氏制が定められ、その結果、夫婦別氏を希望する者が婚姻するに当たり夫婦別氏を採りえないこととなっても」「差別的取扱いに当たらないことは明らかである」と判断した。

また、東京高決令和元年11月25日令和元年（ラ）第884号、最大決令和3年6月23日集民266号1頁も、この判断を支持している。

現在の法制度では、氏には法的な意義も効果もほとんどない。裁判所は、そのことから、別氏の希望が叶わないからといって、大した問題ではないと感じたのかもしれない。しかし、氏が大したものでないなら、それを維持すべき理由も乏しい。国会が、別氏の希望を排斥し続けるのは、氏が大事だからではなく、別氏希望カップルに配慮したくないからだろう。裁判所は、このような差別的意図を見抜けていないようだ。

第15章　憲法24条1項の同性婚禁止解釈と差別
——制定趣旨・文言・理論から考える

はじめに

人の愛と信頼は、婚姻に左右されない。婚姻が親密さを保障するわけでもない。結婚していても、不仲になる人は不仲になる。畢竟、婚姻制度は下らない。

こんなことを言うと、「あなたは『同性婚なんか認めなくても人権侵害ではない』と言うつもりか？」と問いたくもなるだろう。婚姻が下らないなら、同性婚も下らない。確かにそうだ。しかし、同性婚を否定する理論はもっと下らない。より端的に言うなら、その理論は、というよりその態度は差別だ。だからこそ、異性婚と同性婚の格差は是正しなくてはならない。

本章では、ここまで見てきた憲法24条・新民法の制定経緯を踏まえ、同性婚をめぐる憲法解釈について考えたい。同性婚と憲法の問題については、現在、訴訟が進行中で、法学者や実務家の議論も活発だ。違憲論の論証は、訴訟の訴状・書面や各種論文に委ねるとして、本章では、憲法の「解釈」に差別が紛れ込み得ることを主題として分析する。

1　憲法24条1項の趣旨と文言

憲法24条1項を同性婚の法制化を禁じた規定と解釈する人がいる。同項は、次のような条文だ。

【日本国憲法24条1項】

婚姻は、両性の合意のみに基いて成立し、夫婦が同等の権利を有することを基本として、相互の協力により、維持されなければならない。

まず、この条文の制定された趣旨を確認しよう。第10章で見たように、憲法24条1項は、家制度による婚姻当事者の尊厳の侵害と男女の不平等を解消するために規定された。家制度の下では、男女が婚姻する際に戸主や父母の同意が必要で、当事者の意思がないがしろにされたり、女性が差別されたりした。この条項は、そうした制度の払拭を目的としたもので、同性間の婚姻を禁じるために制定されたわけではない。

また、憲法が何かを禁じるときは、「国及びその機関は、宗教教育その他いかなる宗教的活動もしてはならない」（憲法20条3項）、「公務員による拷問及び残虐な刑罰は、絶対にこれを禁ずる」（同36条）といった形で、明確な禁止命題を使う。これに対して、憲法24条は、〈同性間の婚姻を禁じる〉とか〈同性愛者に法律婚の効果を付与してはならない〉などといった表現は用いていない。

さらに、「両性の合意」で成立するものだという文言、当事者を「夫婦」と表現していることから、純粋に文理的に読めば、憲法24条に言う「婚姻」は異性婚を指していると解される。すなわち、憲法24条1項は〈異性婚（憲法24条に言う「婚姻」）は両性の合意のみで成立する〉という法命題を定めたものだ。この法命題が同性婚について何も述べていないのは、明らかだ。

憲法24条1項に同性婚についての含意を読み込もうとすると、ここに言う「婚姻」は、漠然と異性婚も同性婚も含むおよそ婚姻全てを言うと読む必要がある。しかし、そう読むと、憲法24条1項は〈異性婚は両性の合意のみで成立し、かつ、同性婚も両性の合意のみで成立する〉という意味不明の命題になってしまう。「成立する」という表現を使っているにもかかわらず、禁止の意味を読み取ろうとすれば、筋が通らなくなってしまうのは当然だ。

このように、憲法24条1項の制定趣旨と文言からは、同性婚を否定する解釈を導くことはできない。どうしても同性婚禁止規定と読もうとするなら、単に条文を示すのではなく、解釈の理論を示す必要がある。

2　同性婚禁止解釈の理論？

では、どのような理論が主張されるのか。千葉勝美元最高裁判事の書いた次の文章を見てほしい。

憲法制定当時、同性愛についての一般的な理解がどうであれ、24条は、異性婚を取り上げて、両性の合意のみで成立する旨を規定している。それは、憲法が社会制度としての婚姻の基本原則を定めたのであり、そこでは、同性同士の婚姻は社会制度としてはそもそも想定されていないのである。このような重要な社会制度の成立を定めている24条であるのに、同条については、同性婚を社会制度としても認める余地を残している、すなわち許容していると解する余地はなく、この規定は、やはり、当時の夫婦や親子関係についての全体の規律、社会全体の伝統的な結婚観等を踏まえて、このような異性婚を対象とする婚姻制度を憲法秩序としたはずであろう。（千葉勝美「同性婚認容判決と司法部の立ち位置」『判例時報』2506・2507合併号・2022年・202頁）

これは、同性婚禁止解釈の典型と言ってよい行論だ。これを分析し、同性婚禁止解釈に理由があるかどうかを検討してみよう。

この文章を読んでまず気になるのは、自信のなさそうな言葉遣いだ。〈憲法24条1項は同性間の婚姻を禁止している〉といった端的な表現を避け、「想定されていない」、「憲法秩序としたはずであろう」といった、持って回った言い方をする。

これは、憲法24条1項を同性婚禁止規定と読む人の議論の特徴と言ってよい。端的な表現を使えないのは、憲法24条1項を同性婚禁止規定と読むことに自信がないからだろう。

次に、千葉氏の文章から論理を分析してみよう。千葉氏の文章は、一文が長く、多くの内容を含む分かりにくいものになっている。これを整理すると、次のようになる。

① 憲法24条は、異性婚は男性と女性の合意のみで成立すると規定している。
② 憲法24条は、異性婚だけを取り上げている。
③ 憲法24条は、法律婚立法の基本原則を定めている。
④ 憲法24条は、同性同士の法律婚は想定されていない。
⑤ 憲法24条は、同性婚を法制度としても認める余地を残していない。

このうち、①〜④が論拠で、⑤が結論だ。こう整理すると、千葉氏の挙げる論拠が理由になっていないことがよく分かる。

3　憲法が異性婚のみを取り上げた点（①〜③）

まず、①異性婚は男女の合意のみで成立するという命題は、同性婚の禁止を含意しない。このため、①命題では、同性婚を否定できない。

そこで、千葉氏は①命題に②命題を添える。しかし、憲法のある条文が、ある対象に、ある権利を保障すると定めたことは、それ以外の権利保障の禁止を含まない。

例えば、憲法29条3項は、「私有財産は、正当な補償の下に、これを公共のために用ひることができる」と定め、「私有財産」が収用された場合に、人々に正当補償請求権を保障する。この規定は、「私有財産」の収用だけを「取り上げて」いるが、財産以外の権利が収用される場合の補償を否定しているわけではない。

仮に、千葉氏の憲法24条解釈と同様に、〈憲法29条3項は財産の収用だけを「取り上げて」いるから、財産権以外の権利の制限について補償の制度を設けることは「想定され」ず、それを定めれば違憲だ〉などと解釈すれば、コロナ禍に対応するために、営業の自由や移動の自由の制限について補償することも違憲になってしまう。

憲法24条が異性婚だけを「取り上げた」としても、それが同性婚を否定していると理解できないのも明らかだ。

さらに、③憲法24条は法律婚の基本原則を定めている点も、同性婚否定につながらない。千葉氏の言う基本原則とは、①異性婚は男女の合意のみで成立するという命題だ。①について述べたように、これは同性婚を否定する理由にならない。

4 「想定されていない」の理解（④）

続いて、④同性同士の法律婚は「想定されていない」との命題。これは、政府の国会答弁などでも見られる表現なので、丁寧に分析してみよう。

「想定」とは、何かの事態を予期することを言う。憲法が何らかの事態を予期しない場合には、二つの類型がある。

第一類型は、憲法が禁止しているため、それが起きることを予期できないもの。例えば、旧憲法は、戦争するための宣戦布告の規定を置き、戦争を「想定」していた（大日本帝国憲法13条）。他方、現行憲法は、戦争を禁じているので（憲法9条）、宣戦布告の規定は存在せず、政府が宣戦布告や戦争をすることは「想定されていない」。この場合の「想定されていない」は、そういう事態が起き得ることを「想定」した上で、それが起きないように禁止したわけで、厳密には〈憲法はその事態を想定した上で、それを起こすべきでないため禁止した〉と言うのが正しい。

第二類型は、単純に、全く予期できないもの。例えば、現行憲法は、〈全国民がテレパシー能力を開眼し、お互いの思考を読み取れるようになって、秘密の概念がなくなる〉という事態を「想定」していない。だからこそ、通信の秘密（憲法21条2項後段）や投票の秘密（同15条4項前段）といった規定がある。これらの規定では、テレパシー開眼の事態は「想定されていない」。

千葉氏は、どちらの意味で「想定されていない」と述べたのだろうか。まず、④命題は、禁止の論拠として持ち出されている。第一の意味での「想定されていない」は〈禁止されている〉の言い換えであることからすると、千葉氏が第一の意味で④命題を述べているのだとしたら、〈禁止されているから（④）、禁止されている（⑤）〉と言っているだけになる。これでは、論拠になりようがない。また、戦争に必要な宣戦布告の手続きが定められていないのと異なり、同性婚を法制化するのに必要な立法の手続きは、憲法41条に定められていることからも、第一の意味ではあり得ないことが明らかだ。

では、同性間の婚姻はテレパシー能力開眼のように現実性がないのか、と言えば、そんなはずはない。同性愛は、21世紀に入り突如として生じた現象ではなく、現行憲法制定以前から存在した。

第一類型でも第二類型でもないとしたら、千葉氏はいったい何を言いたかったのか。一つの理解の仕方は、千葉氏が同性間で成立しないと述べた「婚姻」が「異性婚」を指しているというものだ。千葉氏自身、憲法24条が「取り上げて」いるのは「異性婚」だと言っている。憲法24条に言う「婚姻」が「異性婚」を指しているなら、その「婚姻」が同性間で成立することは、確かに「想定されていない」。しかし、同性間で異性婚が成立しないことは、同性カップルに法律婚を認めない理由にならない。

こう整理すると、④命題も同性婚禁止の根拠にならないことが分かる。

5 行論に現れる態度

以上をまとめると、①~④はいずれも⑤同性婚禁止の結論を導く論拠にならない。この点、全体の議論を善解すれば、千葉氏は〈憲法が、異性婚についてだけ、戸主や両親に婚姻に介入されない権利の規定を置いたのはなぜなのか〉という軽い疑問を提起したかっただけかもしれない、とも思える。

しかし、その疑問に答えるのは容易だ。同性婚と比べたとき、異性婚には、当事者間に男女のジェンダー不平等が生じ得るという特徴がある。憲法24条が制定されたのは、まず何よりも、家庭内の男女の不平等を是正するためだった。「両性の合意のみ」という文言には、女性の意思の尊重という重大な規範が込められている。戸主や両親の婚姻強要も、特に女性に対するそれが問題となっていた。

とすれば、異性婚についてだけ憲法24条の規定が置かれたことは、〈異性婚は当事者間にジェンダー不平等が生じ得るから〉という理由であっさり説明できてしまう。この説明は、憲法24条の制定経緯を調べれば、すぐに分かる。

おわりに

議論をまとめよう。

憲法24条1項は、それが制定された経緯と趣旨からしても、また、その条文の文言からしても、およそ同性婚の法制化を否定するものではない。それにもかかわらず、憲法24条1項を同性婚禁止規定と読む人がいる。

禁止規定と読む論者は、千葉氏の文章に見られるように、〈禁止されている〉という言葉を避け、「想定されていない」という微妙な言い回しを使う傾向がある。これは、禁止規定と読むのが難しいことの自覚の表れだ。さらに、禁止規定と読む人々の論理は、論拠なしに結論を言い換えるだけだったり、異性婚は異性間でしか成立しないという命題にすぎなかったりする。

ここに見られるのは、制定趣旨・文言・理論の全ての根拠が薄弱でも、同性婚の禁止という結論を導いてよい、という態度だ。この態度は、異性婚と同性婚の不平等を当然視し、同性カップルだということのみをもって、その関係の価値を低く見積もっていないととれない態度だ。これは典型的な差別だろう。憲法24条1項を、同性婚禁止規定と読みたくなってしまった人は、自分が異性婚と同性婚の格差をどう評価しているのか、虚心坦懐に自省すべきだ。

最後に、千葉氏の論稿について、二つほど重要な点を指摘しておきたい。

まず、千葉氏の論稿は、同性婚を全くどうでもよいものとは考えておらず、「憲法変遷」を理由に、同性婚を認めていない民法規定を違憲と評価している（前掲・207頁）。憲法変遷とは、憲法改正手続きを経ずに、憲法の内容が変動することを言う。そのような事態が規範的に認められるかどうかは議論があるが、千葉氏は同性婚のことをどうでもよいとまでは思っていない点には留意が必要だ。

次に、千葉氏の論稿は、「選択的夫婦別氏制を設けていない」制度については「個人の尊厳の根源的な部分に関わるテーマ」ではなく「立法事実についての利益衡量が必要」な「立法裁量」の範囲内の制度だと述べる（前掲・209頁・註16）。ただ、千葉氏は「個人の尊厳」とそれ以外の問題を区分けする基準を示さない。基準すら示さずに、尊厳に関する結論を導いてよいという千葉氏の判断の前提には、「別氏希望カップルの婚姻する権利は、同氏希望カップルの婚姻する権利に比べ劣後して当然」という態度がある。その態度に問題がないのかは自省すべきだろう。

第16章　合理的根拠のない区別
――タッスマン＆テンブルーク論文

はじめに

差別の定義は難しい。

例えば、「差別とは他者と区別すること」だと定義したとしよう。確かに、区別なしに差別は起こらない。しかし、この定義では、男女別の更衣室や学校のクラス分けまで、全ての区別が差別になってしまう。では、「差別とは基本的人権を奪うこと」と定義してみてはどうか。これなら、問題のない区別まで差別に含めてしまう危険は排除される。しかし、基本的人権を奪ってはいなくとも、差別になる事例はある。例えば、「君は黒人なのに理知的だね」との発言は、それだけで「人権侵害」と言えるかは微妙だ。しかし、「多くの黒人は理知的でない」というニュアンスを含んでおり、差別の一種だと言わざるを得ない。

差別の定義は、過剰になっても過少になってもいけない。法律家や哲学者は、ぴったりな定義を見つけるのに苦労してきた。本章から第20章まで、差別概念を研究したアメリカの論文を紹介しつつ、差別の定義をめぐる歴史を整理し、差別の定義を見つけ出したい。

1　差別研究の古典

(1) タッスマン&テンブルーク

差別研究の古典として、1949年のタッスマン&テンブルーク「法の平等な保護」(Tussman & tenBroek, "The Equal Protection of the Laws," California Law Review, Vol. 37, No.3, pp. 341-381, 1949) が挙げられる(以下、同論文の引用は頁数を示して行う)。これを探求の出発点としよう。

著者の一人、ジョゼフ・タッスマンは、1914年、シカゴに生まれた。ウィスコンシン大学卒業後、カリフォルニア大学バークレー校の大学院で学ぶ。第二次世界大戦中は、中国での軍務に従事し、終戦後、トマス・ホッブズに関する博士論文を仕上げた。その後、バークレー校の弁論学部で講師となり、1952年から哲学部に移籍し、1963年以降は哲学部長の要職も務めた。2005年に亡くなった。

もう一人の著者、ヤコブス・テンブルークは、1911年、カナダのアルバータ州生まれ。幼少期に事故で視力を失う。1934年、カリフォルニア大学バークレー校にて、最高成績で歴史学の学士を取得。さらに、同校で、1938年に法学士、1940年に法学博士を取得。以降、バークレー校で教員として勤務し、1968年に56歳で亡くなるまで勤務を続けた。1940年には、全米盲人協会を設立し、視覚障害者の権利獲得運動にも尽力した。また、様々な憲法訴訟にも関与している。

この2人が、バークレー校の法学雑誌に共著で掲載したのが、本章で紹介する論文だ。

(2) タッスマン&テンブルーク論文のテーマ

タッスマン&テンブルーク論文は、タイトル通り、連邦憲法第14修正の平等保護条項の解釈がテーマだ。南北戦争後の1868年、奴隷の身分から解放された黒人の権利を擁護するため、アメリカ連邦憲法に次のような修正条項が加えられた。

【連邦憲法第14修正】

第1節　合衆国内で誕生しまたは合衆国に帰化し、合衆国の権限に服する者は、合衆国の市民であり、かつその居住する州の市民である。州は、合衆国の市民の特権または免除を制約する法律を制定または実施してはならない。州は、何ぴとからも、法の適正な過程によらずに、その生命、自由または財産を奪ってはならない。また州は、その権限内にある者から法の平等な保護を奪ってはならない。
第5節　連邦議会は、この修正条項をそれに適した立法によって実施する権限をもつものとする。

この条項は、南部諸州による黒人への差別継続を懸念して、州が市民としての権利を侵害しないように、適正手続き（due process）と平等保護（equal protection）に関する権利を保障するものだった（第1節）。また、この条項を実施するための権限を連邦議会が持つことも明記された（第5節）。

アメリカでは、1803年のマーベリー対マディソン事件（Marbury v. Madison, 5 U.S. 137, 1803）以来、裁判所による違憲立法審査が行われており、第14修正の成立により、当然、平等保護条項の適合性も憲法訴訟の対象となった。しかし、制定当初、この条項はさほど活用されなかった。本格的に条文が意義を発揮したのは、19世紀の終わりから20世紀の初めだ。

タッスマン&テンブルーク論文は、この時期の判例の発展を踏まえつつ、平等保護条項の解釈理論を提示する。平等保護条項は、差別的な立法を改善するために活用されたから、この論文は、差別の定義の探求にも大きな影響を与えた。

この論文によれば、20世紀半ばに入り、平等保護条項が「実力を発揮しつつある（coming into its own）」（341頁）。この条項は三つの役割を果たしている。第一に、立法上許される区別（classification）の限界を画する役割。これが最もよく知られた役割だ。第二に、「差別的」立法への異議申し立ての手段としての役割。第三に、実体的権利を保障し、州の権力に制限をかける役割（以上、342〜343頁）。これに続き、三つの役割について分析が進む。以下、紹介していこう。

2　合理的根拠のない区別の概念

（1）T・M関係

まず、立法上許される区別の限界について。タッスマン&テンブルーク論文は、「法の平等保護は、『平等な法の保護の誓約』だ。しかし、法は区別（classification）をしてよい。そして、『まさに、区別の観念こそが、不平等の観念だ』」というパラドックスを提示する（344頁）。

法は、何らかの要件を何らかの効果に結びつける。例えば刑法は、一定の行為を犯罪と定義して、その行為をした人を他の人から区別して刑罰対象とする。そうすると、「平等な法」と言っても、法における一切の区別を禁止するわけにはいかず、合理的区別（reasonable classification）は許される。問題は、合理的な区別と不合理な区別の線引きだ。その線引きは、次のような作業だとされる。

> 私たちは、実のところ、二つの集団（class）の相互関係を取り扱っている。第一の集団は、定義された特徴（Trait）を持つ全ての個人から成る。第二の集団は、法が狙っている害悪（Mischief）を持つ全ての個人から成る。前者が立法による区別、後者が法の目的に照らし同じ状況にある者の集団だ。私たちは、これらの二つの集団をそれぞれTとMと呼ぶことにしたい（３４７頁）。

この集団Ｔ（法の定義する集団）と集団Ｍ（法の目的に照らし対象とすべき害悪を持つ集団）の関係は、次の図のようになる。

集団Tと集団Mの関係

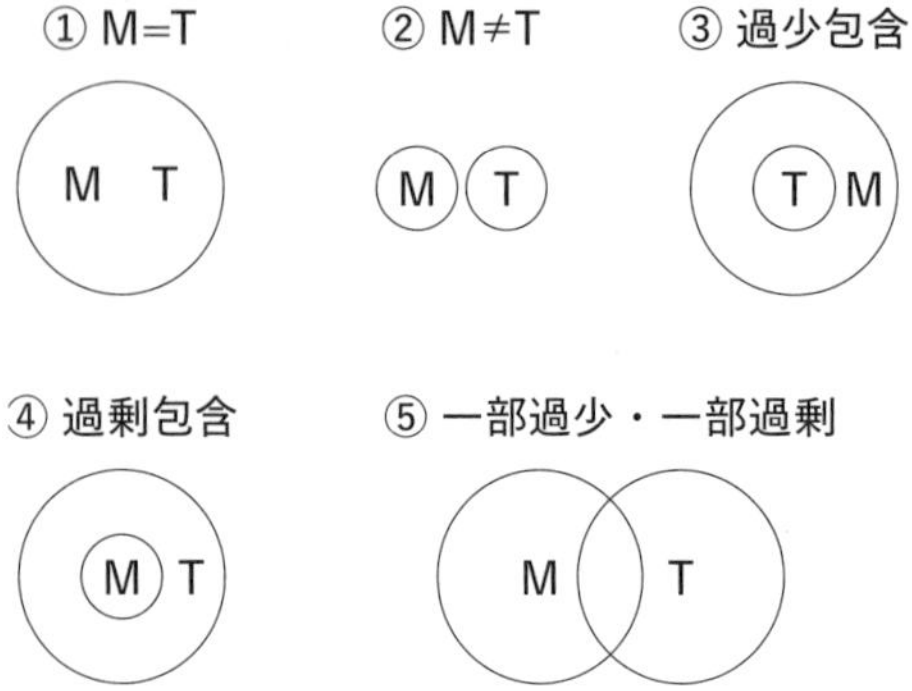

この図は非常に有名で、平等原則関係の論文では頻繁に引用される。例えば、学校内で、新型コロナウイルスの感染拡大を防止するため、周囲への感染力を持つ生徒（Ｍ）の登校を禁止し隔離しようとしたとしよう。①新型コロナウイルス感染者を１００％正確に見分けられるテストが開発されれば、それで特定された生徒（Ｔ１）の登校を禁じることで、感染力を持つ生徒（Ｍ）だけを

完全に隔離できる（M＝T・完全に合理的な区別）。他方、②感染後に回復して待機期間を終えた生徒（T2）の登校を禁じた場合、感染力を持つ生徒（M）を全く隔離できない（M≠T・完全に不合理な区別）。

（2）過少包含と過剰包含

次に、③PCR検査で陽性となった生徒（T3）の登校だけを禁じるケースを考えてみよう。PCR検査の特異度は極めて高いので、T3はほぼ全員が感染力を持つ生徒（M）と言える。しかし、感染していているのに無症状で検査を受けていない者もいるし、感染最初期は体内のウイルス量が少ないのでPCR検査をしても結果が陰性になることもある。この場合、隔離したいMに対して、実際に隔離したT3が少ないので過少包含（under-inclusive）になる（348頁）。

他方、④2週間以内に家族を含む他者と接触した生徒（T4）は全て登校を禁じるケースを考えよう。新型コロナウイルスの潜伏期間から考えて、おそらく全ての感染力を持つ生徒（M）を隔離できる。しかし、T4の範囲はあまりに膨大で、非感染者も非常に多く含まれる。これが過剰包含（over-inclusive）だ（351頁）。

最後に、⑤37度以上の熱がある生徒（T5）を隔離したとする。確かに、新型コロナウイルス感染症は、発熱症状を出すことも多いから、T5には感染力を持つ生徒（M）が含まれる。しかし、全ての感染者が発熱するわけではないから、T5に全ての感染者を包含できるわけではない。他方、新型コロナウイルス感染症以外にも高熱の原因は多くあり、T5には感染者でない生徒も含まれる。これは、過少包含・過剰包含の複合型だ。

これらのうち、①は合理的で許され、②が不合理で許されないのは明らかだ。③過少包含は、本来対象とすべき害悪（M）を全て対象にしているわけではないが、それでも、対象の全てが規制すべき害悪（M）だとは言える。まず、規制しやすいところからでも対処した方がよい場合もある。それゆえ、全ての過少包含が不平等で違憲と理解する必要はない。ただし、力のある企業などが、立法者に自分を規制から外すよう圧力をかけて過少包含が生じることもある点には注意が必要だ（350頁）。

これに対し、④過剰包含は、本来対象にすべきでない者も対象にしてしまう点で、過少包含よりも悪性が強い。こうした区別は、しばしば緊急対応のために行われる。やむを得ない場合もあるが、それが正当かどうかは慎重に検討されねばならない（352頁）。

タッスマン&テンブルーク論文が優れているのは、区別の合理性が「立法目的（The purpose of a law）」との関連で判断されること（346頁）を明確にしたことだった。区別には目的があり、その目的に照らし、本来対象にしたいグループ（M）と実際の対象（T）とが一致しない場合には、その区別は不平等だと評価される。この不平等に対処するのが、平等保護条項の最重要の役割だった。

3　差別的意図の禁止と実体的権利の保障

（1）差別的意図の禁止

タッスマン＆テンブルーク論文は、平等保護条項は、不合理な区別の禁止の他に、さらに二つの役割を果たしていると言う。

第二の役割は「『差別的な』立法（"discriminatory" legislation）」を、立法の意図の観点から批判することだ（357頁）。20世紀前半の判例に目を向けると、中国系や日系の移民への敵意から、営業許可を出さなかったり、収容所に入れようとしたりする差別的立法が行われ、これらを批判するために平等保護条項が使われるようになった。

それらの立法は、敵意（hostility）・敵対心（antagonism）の意図に基づくものと批判されてきた（358頁）。敵対的な意図に基づく立法は差別的で、平等保護条項の下では許されない。こうした理論を、タッスマン＆テンブルーク論文は「差別的立法ドクトリン（discriminatory legislation doctrine）」と呼ぶ。

もっとも、立法には多くの人が関わる。各人の立法意図は多様で、全員に共通する意図を認定するのは難しい。こうした事情から、裁判所はこの理論を完全に採用したわけではなかった。ただし、この理論は全く役立たないわけではなく、敵意・敵対心の意図が疑われるとき、区別の合理性の厳密な審査に導くという役割を果たしている（361頁）。

（2）実体的な権利保障

平等保護条項の第三の役割は、「実体的平等保護（substantive equal protection）」と呼ばれる（361頁）。

連邦憲法には、権利の規定が乏しい。例えば、日本国憲法は、22条1項で職業選択・営業の自由、29条で財産権を保障するが、連邦憲法にはそのような規定がない。このため、契約の自由、営業の自由、財産権などを保障するために、「州は、何びとからも、法の適正な過程（due process）によらずに、その生命、自由または財産を奪ってはならない」と定める第14修正のデュープロセス条項が使われてきた。

デュープロセス条項は、見ての通り「適正な過程」の保障を主眼に置くが、「生命、自由または財産」を奪うことを禁じているとも読める。そこで、この条項を、「過程」への権利だけでなく、憲法に書かれていない自由権や財産権といった「実体的」な権利を保障するものと解釈する理論が発達した。これを「実体的デュープロセス理論」と呼ぶ。

タッスマン&テンブルークによれば、20世紀半ばになると、デュープロセス条項で保障してきたいくつかの実体的な権利を、平等保護条項で保障する動きが出てきた。例えば、白人が黒人に土地を売る契約を禁じる法律は、従来は、実体的デュープロセス理論に基づき、デュープロセス条項で保障される契約の自由の侵害と理解されてきた。しかし、20世紀半ばには、これを平等保護条項の侵害とする判例も増えてきた。その理由は、「平等」の文言と人権・市民権の理念の結びつきが強いからではないかと推測される（364頁）。

おわりに

このように、タッスマン&テンブルーク論文は、平等保護条項は、①不合理な区別の解消、②差別的意図に基づく立法の禁止、③実体的な権利の保障の三つの役割を果たしているとした。そして、この論文が執筆された20世紀半ばの段階では、一番重視されているのは①だった。

この整理は、差別の概念にも示唆を持つ。差別の定義としてしばしば提案されるのは、「①合理的根拠のない区別こそ差別だ」、「②敵対的な意図に基づく行動が差別だ」、「③ある類型の人から基本的な権利を剝奪することが差別だ」という三つだ。この3類型は、そのままタッスマン&テンブルーク論文が整理した平等保護条項のターゲットの説明と重なる。この論文の平等保護条項の①～③の役割分析は、このような差別の定義をした場合の有益性や限界を知るのに役立つ。

そして、20世紀半ばの段階で特に重要視されていたのは①不合理な区別の解消だった、という点も重要だ。

不合理な区別とは、目的に照らして本来対象とすべきグループ（M）と実際の対象（T）が一致しないことだった。なぜ、この不一致が生じるのか。いろいろ原因はあるが、最大の原因は、事実認識の誤りだ。類型に対する誤った事実認識を、本書では「偏見」と呼んできた。

例えば、「女性は知的能力が低い」とか、「黒人は約束を守らないから仕事ができない」といった偏見は、女性の大学入学資格を否定したり、黒人を雇用から排除したりといった区別を生む。これは、「学ぶ能力と意欲のある者に入学資格を認めるべき」とか「労働能力のある者を等しく雇用する」といった区別の目的に照らして、本来対象とすべき者を間違って排除する不合理な区別になっている。

「偏見に基づいた目的適合性のない区別」を許せば、「差別」と呼ばれる現象が温存されるのは間違いない。裁判所は、平等保護条項を使って、まずそのような区別の解消に注力したのだ。

次章は、この論文の分析を基盤に、後の世代がどのような議論を展開したかを見ていこう。

第17章　集団不遇禁止原理
――オーウェン・フィス論文

はじめに

差別をする人は執拗だ。差別感情の満足が優先的な行動原理になっているから、ある差別行為を止められると、別の差別行為を始める。例えば、女性を差別する人は、女性管理職の登用を阻もうとする。それを咎められると、職場の女性にセクハラ発言をしたりする。セクハラが糾弾されると、今度は、女性の仕事の進め方や成果について執拗に説明を求めたりする。背後にある差別感情は同じでも、差別行為の形態は、排除、セクハラ、カラミといくらでも移り変わる。

とにかく差別はしつこい。アメリカでは、20世紀前半までに、平等保護条項（連邦憲法第14修正）を活用して人種差別改善が進んだ。しかし、20世紀後半に入り、それまでの平等保護条項の解釈では対応できない課題が出てきた。

この状況を打開するため、新しい解釈を展開したのがオーウェン・フィス教授の「集団と平等保護条項」(Owen Fiss, "Groups and the Equal Protection Clause," Philosophy & Public Affairs, Vol.5 No.2, pp.107-177, 1976) だった（以下、同論文の引用は頁数を示して行う）。

フィス教授は１９３８年生まれ、憲法・訴訟法などを専門とする法学者だ。オックスフォード大学やハーバードロースクールで学び、１９６８年よりシカゴ大学教授、１９７４年からイェール大学の教授となり、１９９２年に優れた業績が評価され卓越教授（Sterling Professor）に任じられて、現在に至る。

フィス論文の前半では、20世紀前半の平等保護条項の解釈が検討され、後半では、その限界を指摘し、新しい解釈が提示される。この論文は、憲法解釈論のみならず、差別の概念にも示唆が大きく、法学以外の分野でもよく引用される。以下、紹介していこう。

1　文意解釈と原理解釈

フィス論文は冒頭で、法解釈には文意解釈と原理解釈の2種類があると指摘する。

文意解釈とは、純粋に憲法の文言を読む解釈だ。例えば、議員任期の条文を読むときは、背景にある原理や目的を深く検討しなくても、ただ「４年」とか「６年」といった文言をそのまま理解すればよい。

他方、原理解釈とは、文言だけではなく、その背景にある理想や原理を踏まえて基準を提示する解釈だ。例えば、「表現の自由を保障する」という条文を適用するには、「どのような行為を表現に含めるか」「政府が表現を規制できるのはどのような場合か」といった、憲法の文言を読んだだけでは分からない事柄を判断するための基準を立てなくてはならない。この基準を導くには、表現の自由条項が制定された目的や、この条項が目指す理想を検討する必要がある。これが原理解釈だ。

平等保護条項は、原理解釈を必要とする条文だ。そして、どのような原理に基づき解釈すべきかは、時代の状況によって変わってくる。原理解釈をするときは、常に原理の選択について吟味しなくてはならない（108頁）。

フィス論文は、このように憲法解釈の手法を整理した上で、これまで平等保護条項が「antidiscrimination principle」によって解釈されてきたと指摘する。ここで使われた「discrimination（差別）」という言葉は感情的な含意があるのが一般的だが、フィス論文では「単に区別ないし線引きを意味する」言葉として使われている（109頁）。本書では、ここまで論じてきた差別の概念と区別するため、この原理を「非区別原理」と訳すことにしたい。

2　非区別原理の意義と限界

（1）非区別原理の意義

非区別原理は、裁判所により採用された。それを体系化したのが前章で紹介したタッスマン＆テンブルーク論文だ。フィス論文は同論文を「古典」と評し、その分析に沿って判例の非区別原理を整理する（110頁）。

非区別原理は、三つの段階を踏んで平等保護条項を解釈する。第一に、平等の理念を「等しき者は等しく扱うべき」という原理に置き換える。第二に、各州は何らかの点で人を区別しなくてはならないことを認める。第三に、合理的区別と不合理な区別を区分し、平等保護条項は後者を禁止したものと解釈する。

区別が合理的か否かは、「目的・手段（means-end）」の観点から検討される（111頁）。目的達成のために役立つ区別は合理的で、そうでない区別は不合理だ。タッスマン＆テンブルーク論文は、立法の目的に照らし理想的な区別（例えば、新型コロナウイルスの感染者）と、実際の区別（例えば、発熱している人）の違いを説明し、過少包含・過剰包含の概念を立てた。

もっとも、たとえ過少包含・過剰包含のない完全に目的に適合する区別だとしても、目的が不当ならば不当な区別になる。例えば、学校を作るときに、「色が分かれているときれいだ」というバカげた理由で、白人用学校・黒人用学校を区別したとする。このとき、区別自体は目的に完全に適合するが、これは合理的な区別とは言い難い。そこで、区別の目的は正しくないといけない、という補助的な規範を添える必要がある（111頁）。

（2）非区別原理と裁判官

非区別原理には、裁判官に好まれる性質がいくつかある。

第一に、非区別原理は、「法適用に関係ない当事者の固有の性質を考慮して判断してはいけない」という「平等な正義（equal justice）」の規範に親和的だ（119頁）。例えば、裁判官は、ある人の行為が窃盗罪にあたるかどうかは、その人の顔がまじめそうかとか、男性か女性か、白人か黒人か、といったことを考慮せずに、純粋に窃盗の要素を持っているかどうかだけで判断しなければならない。

非区別原理は、区別され不利益を受けたのが男性なのか女性なのか、白人なのか黒人なのか、といったことを一切考慮しない。目的に照らし不合理な区別であれば、どのような区別であれ違憲とする。これは、平等な正義を標榜すべきとされる裁判官にとって親和的な性質だ。

第二に、非区別原理は、裁判官の「価値中立性（value neutrality）」や法の「客観性（objectivity）」の理想にも合致する（120～121頁）。裁判官は、自分の価値観によらず、機械的に判断しなければならない。非区別原理は、目的との関係で、区別が不合理かどうかを機械的に判断すべきとするもので、価値中立性・客観性の装いをとりやすい。

もっとも、非区別原理の純粋性・価値中立性・客観性は、いずれも見せかけのものだ。というのも、その区別の目的は何なのか、その目的は正当なのか、といった判断には、裁判官の価値判断が介在せざるを得ない。どの程度の過少包含・過剰包含なら許すのか、という判断も客観的に定まらない。

（3）非区別原理の限界

フィス論文は、非区別原理の利点を「幻（illusion）」としつつ、より深刻な問題があると指摘する（129頁）。

第一に、非区別原理は、不当な扱いを受けてきた黒人や女性に対する優先措置を、差別の一種として違憲にしてしまう（129頁）。

例えば、ロースクールの入試に黒人枠を設けることは、人種による区別だ。非区別原理では、白人の優先措置も黒人の優先措置も同様に扱う。このため、優先措置の目的を「黒人弁護士を増やすため」と説明しようとすると、それは「白人弁護士を増やすため」と説明するのと全く同じ性質と評価され、不当な目的とされてしまう。あるいは、「貧困層の優遇」と説明しようとするなら、貧しい白人も優先措置の対象とする一方で、裕福な黒人は対象外とすべきであり、過少包含かつ過剰包含で違憲となる。しかし、白人の優先措置と黒人の優先措置は等価だとする理論には、強い違和感がある。

第二に、非区別原理は、「区別なき差別」には手が出せないという問題もある（136頁）。

例えば、州政府が、黒人にはお酒を出さないクラブに酒類販売免許を出したとする。このとき、州政府が黒人排除を免許取得要件にしていたら、人種による区別が認定できる。ところが、州政府が黒人排除クラブにもそうでないクラブにも平等に免許を出していたら、非区別原理に基づく平等保護条項では手が出せない。その地域の大半が黒人排除クラブだったとしても、是正する手段がない。

あるいは、人種分離政策を止めたくない州政府が、白人用だった公営プールを黒人にも開放するように求められ、公営プール自体を閉鎖してしまったような場合はどうか。このような「オン・オフ決定」による差別にも、非区別原理は対抗できない（140頁）。

第三に、非区別原理は、「表面上無垢な基準」にも対応できない（145~146頁）。例えば、公務員採用試験で、ある種のテストを要求した結果として、採用されるのが白人に偏ったとする。この偏りが意図されたものだったとしても、テストの点数と区別の目的との関係を説明するのは比較的簡単だから、これには何も問題がないことになる。しかし、あまりに人種に偏りがある結果は、平等保護条項の本来の理念に反しているのではないか。

このように、非区別原理には限界がある。

3　集団不遇禁止原理の意義と帰結

（1）集団不遇禁止原理の意義

フィス論文は非区別原理の限界を踏まえ、「集団不遇禁止原理（Group-Disadvantaging Principle）」によって平等保護条項を解釈すべきとする（147頁）。

そもそも、平等保護条項は、奴隷の身分から解放された黒人を保護するために作られた条項だ。これが黒人保護のための優先措置を攻撃する手段に使われるのはおかしい。これが、フィス論文の根本にある考え方だ。

その上で、フィス論文は、平等保護条項は、「特別に不遇な集団を保護すべき」とする原理によって解釈されるべきだと主張した（155頁）。ここに言う「集団（group）」とは、他の集団と区別できる一体（entity）となった者たちであり、個々のメンバーの幸福（well-being）が集団の幸福とリンクしているものを言う（148頁）。

黒人は一つの社会集団であり、継続的に従属的な地位に置かれてきた。また、選挙人登録の制度を通じた事実上の選挙権制限や、わざわざ黒人集住地区を分割する選挙区割などによって、集団としての政治力は厳しく制限されてきた。黒人はアメリカ社会で最も不遇な扱いを受けてきた集団だから、平等保護条項が黒人を集団として保護することには十分な理由がある（155頁）。ただし、平等保護条項は、黒人だけを保護する趣旨ではなく、制定過程でも対象を黒人に限定しない文言が選択された（147頁）。だから、同じように、不遇な扱いを受ける集団があった場合には、その集団も平等保護条項で保護すべきだ。

このように、アメリカの歴史を参照することで、フィス論文は、平等保護条項から集団としての黒人に対する特別な保護を導いた。

（2）集団不遇禁止原理の帰結

集団不遇禁止原理によると、禁止すべきは「区別」ではなく、保護すべき集団を不遇に扱う行為だということになる（160頁）。非区別原理では手が出せなかった「区別なき差別」や「表面上無垢な基準」も、集団不遇禁止原理の下では、黒人への不遇措置として平等保護条項違反と主張できる。

他方、黒人の優先措置は、集団としての黒人の排除や不利益扱いではないから、平等保護条項違反ではない。裕福な黒人が優先措置を受けることがあっても、それは集団としての黒人への不利益扱いではないから問題はない。優先措置の影響を受ける黒人以外の人たちは、平等保護条項ではなく、例えば、大学入学の権利の条項などを使って、異論を提起すべきだ。裁判所は、不遇集団の保護と大学入学の権利を比較衡量すればよい。

こうした集団不遇禁止原理は、社会全体の利益（Total Welfare）と対立することもある（165頁）。この点、「平等保護条項は、大学や政府が機能しなくなってしまうほどの優先措置を要求している」とまで強く理解する必要はなく、適切に比較衡量をすればよい。適切な比較衡量のためには、「白人の優越性の維持」といった不当な利益を「社会全体の利益」に含めないこと、不遇集団の不利益措置を正当化するにはやむを得ない社会全体の利益を要求することが必要だ（165～166頁）。

また、集団不遇禁止原理は、州の行為が不遇集団に与える影響についてまでも考慮する原理だ。だから、例えば、黒人に酒類を提供しないクラブに酒類販売免許を出すことについて、区別をしているのはクラブであって、州ではないという言い訳を許さない。非区別原理の下では、「州の行為による区別がないと平等保護条項は適用できない」という壁が存在したが、集団不遇禁止原理なら、これを崩すことができる（168頁）。

ただし、この原理は、「不遇に扱われてきた集団を保護する積極的な義務」を州に課すものではない。集団を傷つける行為は平等保護条項違反となるが、積極的な保護をしない不作為までが違憲になるわけではない。

(3) 平等保護条項の解釈原理の再検討

フィス論文は、アメリカ社会では、平等保護条項の解釈が発展するのに伴い、平等保護条項が適用される状況は変わってきたとまとめる。

当初は、黒人専用車両・学校が設けられるなど、黒人が制度的に差別された。これらは、1954年のブラウン判決などによって、乗り越えられてきた。この状況では、非区別原理と集団不遇禁止原理、いずれを適用しても結論は変わらない。

しかし、20世紀後半になると、区別を伴わない差別が横行するようになってきた。非区別原理はこの状況を是正できない。

さらに、20世紀後半には、社会的な差別を解消するため、黒人や女性への優先措置が行われるようになってきた。非区別原理は、不遇集団への差別を解消する措置を妨害しかねない（170～172頁）。

だからこそ、非区別原理から、集団不遇禁止原理への移行を検討しなければならない。

以上が、フィス論文の骨格だ。

おわりに

フィス論文は、差別の概念を理解する上で、どのような示唆があるか。

まず重要なのは、平等と非差別の緊張関係だ。フィス論文の言う「非区別原理」とは、等しく扱うべき者を区別するのを禁じる原理だ。「等しき者は等しく」とは、平等の一般的な定義であり、一般に「平等原則」と呼ばれている。

フィス論文によれば、平等原則が差別解消に有効なこともあるが、必ずしも万能ではなく、場合によっては、差別解消措置の障害となることすらある。平等原則は、あらゆる区別を単に「区別」として中立的に扱うので、白人優先措置も黒人優先措置も、人種による優先措置という点で同じように「疑わしい（suspected）」。日本法でも、例えば、女性議員比率を上げるために、議員定数に女性枠を設けるのは平等条項（憲法14条1項・44条）違反とする見解が有力だ。

こうした状況を乗り越えるのに必要なのが、集団不遇禁止原理だ。黒人優先措置等は、差別解消を推進する措置であり、非差別の理念からは必ずしも否定されない。平等原則は、非差別原則と同視されることもあるが、しっかりと区別する必要があろう。

次に、フィス論文は、差別を認定する上で、歴史的文脈が極めて大きな意味を持つことを強調している。差別は、歴史が積み重なれば重なるほど、多くの人の感情に根付き、社会に広がり、深刻になっていく。だからこそ、差別の深刻さを認定するには、歴史的文脈を見極めなくてはならない。白人優先措置と黒人優先措置の違いも、歴史から説明できる。

こうした重要な示唆を持つため、フィス論文は、差別研究の古典の一つと位置づけられている。

第18章　差別と区別の分類論
——アレクサンダー論文

はじめに

前章で、「差別とは、歴史的に不遇に扱われた集団への不利益扱いだ」というフィス教授の考え方を紹介した。歴史的な不遇の蓄積は、差別と差別でないことを分ける重要な要素だ。もっとも、フィス教授の議論からは、そもそも「不遇（disadvantage）」とは何か、という疑問が生まれる。

歴史的に長く続いている区別の中には、差別とは言い難いものがいろいろある。例えば、有史以来、「有罪の者には罰を与え、無罪の者には与えない」という区別が行われてきた。しかし、「犯罪者は歴史的に不遇に扱われてきた集団で、犯罪者への処罰は差別だ」と言う人はいない。許される不遇とそうでない不遇をどうやって判別するのか。歴史とは別に、理論の検討が必要だ。

1990年代以降、差別に関する理論研究が盛んになった。本章では、その出発点の一つである、ラリー・アレクサンダー教授の「何が悪しき差別を悪しきものとしているのか？——価値づけ、選好、固定観念、代理指標」(Larry Alexander, "What Makes Wrongful Discrimination Wrong? Biases, Preferences, Stereotypes, and Proxies," University of Pennsylvania Law Review, Vol. 141, No.1, pp.149-220, 1992) という論文を紹介したい（以下、同論文の引用は頁数を示して行う）。

アレクサンダー教授は、1943年生まれで、テキサス州出身だ。マサチューセッツ州のウィリアムズ大学で哲学を学んだ後、イェール大学で法律学の学位（LL.B）を取得する。1969年にカリフォルニアで弁護士登録をする一方、1970年にサンディエゴ大学の教員となり、1975年より教授を務めている。専門は、憲法、法哲学、刑事法などで、多くの論文を発表してきた。アレクサンダー論文は、数多くの区別の事例を比較し、差別が悪とされるのはなぜなのかを探究する。なお、この論文は「discrimination」という言葉を、悪性のある「差別」と特に問題のない「区別」両方の意味で使っている。本章では、文脈に応じて、差別・区別二つの訳語を使い分けることにしたい。

1　区別の前提となる選好の分析

アレクサンダー論文は、まず、「他者への差別が悪いことだと誰もが知っている」一方で、「私たちは日常的、不可避的に他者を差別していることも認識している」と指摘する。確かに、特定の人種の人に法律家資格を与えなかったり、特定の信仰を持つ選手がバスケットボールチームに参加するのを拒否したりするのは、悪しき差別だ。しかし他方で、視覚障害のある人をトラックのドライバーとして雇わなかったり、司法試験の不合格者を弁護士にしなかったりするのは、悪しき差別とは言えない。

悪しき差別とそうでない区別を分けるものは何なのか。これまで、二つの基準が示されてきた。

一つ目は、人種や性別のように、本人の意思や努力では変えられない属性による区別は不当な差別だ、というもの。確かに、そうした区別が不当な場合は多い。しかし、性別で更衣室を分けたり、視覚障害のある人に自動車の運転免許を出せなかったりするなど、本人の変えられない属性で区別せざるを得ない場合もある。

二つ目は、「無関係（irrelevant）」な標識による区別は不当な差別だ、というもの。これは有望な基準だ。しかし、前章でも議論したように、何が「関係」ある標識になるかは目的による。白人優位社会の構築という目的なら、公職や高等教育機関から黒人を締め出すような区別は目的と「関係」がある。このように、これまで示されてきた答えは、いずれも悪しき差別の判定基準としてはうまく働かない（151頁）。

さらに、アレクサンダー論文は、「様々な集団の歴史的・現代的な地位」に着目する基準もあり、これは「かなり的に近い」とする。これは、フィス教授の集団不遇禁止原理も意識した指摘だろう。しかし、歴史的に差別されてこなかったという理由で、瞳の色やＩＱによる差別を無視してよいとは言えない（153頁）。

こうした指摘を踏まえ、アレクサンダー論文は、次のような手法をとる。まず、区別は、「様々な類型の選好の表現」として理解できる。とすれば、様々な区別は、それが前提とする選好の種類によって類型化できる。区別の類型ごとに、それが悪質かどうかを検討すれば、悪しき差別とそうでない区別とを分ける基準ができる。そこで、この論文は、区別の分類を目標とする（154頁）。

2　区別の分類法

区別を分類する最初の軸は、「特定の人に対する選好と、様々なモノ・サービスに対する選好」だ（157頁）。以下、この軸を「人の区別」と「物の区別」と呼ぶことにしよう。

（1）人の区別

人の区別は、さらに三つに分類できる。第一は、「価値づけ」による区別だ。アレクサンダー論文は、ここで「バイアス（biases）」という言葉を使う（158頁）。バイアスは、偏見や先入観などと訳され、「女性は仕事を辞めやすい」といった事実に関する認識を指す場合もある。しかし、アレクサンダー論文がバイアスの例として挙げるのは、「ナチスはアーリア人を他の民族よりもより高い道徳的関心に値するとし、ユダヤ人はより低く扱われるべきだと考えた」という選好だ。つまり、ここでの「バイアス」とは、特定の人間類型は他に比べ価値が高い、あるいは低いという価値判断のことを指している（158頁）。以下、アレクサンダー論文の「バイアス」を「価値づけ」と訳すことにしよう。

全ての個人は平等に尊重されるべきだとする近代的な価値観を前提にするならば、こうした価値づけによる区別は原則として不当と評価すべきだ。アレクサンダー論文は、この価値づけによる差別について、楽観的に考えてよい面と、そうでない面を指摘する。

まず、「道徳的価値の差異という誤った判断を反映したものであるため、本質的に道徳的に不当な価値づけは、通常は、個人のアイデンティティの中心にはない」（161頁）。例えば、黒人が白人に劣っているという価値観は、価値観に関する道徳教育によって、比較的簡単に撲滅できる、とアレクサンダー論文は言う。この点については、それほど簡単なのだろうかという疑問も残るが、日本での部落差別解消のための教育の成果を考えると、「差別はいけない」という教育に大きな効果があるのは事実だろう。

他方で、価値づけによる差別は、破滅的な社会的帰結をもたらす場合があることに注意が必要だ（162頁）。社会の中で、特定の属性を貶める価値づけが広まると、多くの人が精神的に傷つくことになる。例えば雇用差別があれば、有能な人材が能力を開花させることを妨害してしまう。価値づけによる差別が、暴力や暴動につながることも多い。

このように、価値づけによる区別は原則として悪しき差別だ。しかし、アレクサンダー論文は、例外として、親族・家族との特別な結びつきを挙げる（160頁）。親は、自分の子どもを他の人間に優先して保護したり、援助したりするが、その価値づけが不当とは言い難い。

人の区別に関する第二の類型は、「役割の理想（role ideals）」に基づく区別だ（163〜164頁）。これは、子育ては女性に担ってほしい、バスケットプレイヤーはハンサムであってほしい、といった何か特定の役割に関する理想を指す。これが広まりすぎると、人の選択を抑圧することがある。

人の区別に関する第三の類型は、単なる「好悪（aversions and attractions）」だ（165頁）。明確な価値づけがなくても、「〇〇人は嫌いだ」とか「男性／女性にその仕事をしてもらうのは好きじゃない」といった好悪の感情も、区別を導く。

（2）物の区別から人の区別への移行形態

次に、アレクサンダー論文は、物の区別から人の区別に移行中の形態として、「代理指標（proxies）による固定観念（stereotypes）」と「反応（reactions）」による区別を挙げる。

代理指標とは、直接判定できない事柄について、事実上の相関関係がある指標を言う。例えば、ある人が将来犯罪をするかどうかを予め判断するのは難しい。そこで、人種や収入といった代理指標が用いられる。

特定の人間類型は何かの代理指標になるとして、特定の人々を固定された枠にはめるような観念を「固定観念（stereotypes）」と言う。例えば、「隣に住んでいるのは○○人だから戸締まりをしっかりしよう」といった判断は、隣人の犯罪可能性を人種という代理指標に基づき判断したもので、ここに現れた「○○人は犯罪をしがちだ」という観念が固定観念だ。

ある人間の類型が代理指標として機能するのは、①自然法則に由来する場合と、②心理的な傾向や文化に由来する場合とがある（168～169頁）。

また、代理指標による区別とは別に、「反応資格（reaction qualifications）」による区別がある。反応資格について、アラン・ヴェルトハイマー教授は「受け手の中の適切な反応の理由となることで、仕事の能率に貢献する能力または性質」と定義する（173頁）。

例えば、女性であることは、女性がリラックスしたり、安心したりする反応を引き出す属性になる場合がある。このため、産婦人科医や女性に対する性暴力を扱う警官の採用の際に、女性が優先される場合がある。これが反応資格による区分だ。これは、広い意味では、代理指標による判断の一種だ。

（3）物の区別

最後に、物の区別が挙げられる。例えば、野球観戦よりもサッカー観戦が好きとか、スカートよりもパンツスタイルが好きだといった区別は、一見すると差別の問題でないように見える。しかし、これも差別と関係することがある。

なぜなら、「モノ、サービス、職業、技術に関する選好は、歴史的な価値づけ、固定観念、イデオロギー、そして他の怪しい部族主義とそれらが生み出した社会構造に源がある場合がある」（178頁）からだ。例えば、ブルースという音楽への好みは、苛烈な黒人差別があった時代の社会構造に関係している。紳士服と婦人服の好みは、男性や女性への価値づけ、固定観念に根差していることがある。

アレクサンダー論文は、こうした価値づけや固定観念に由来する物の選好を、「汚染された（tainted）」選好と呼ぶ（178頁）。

（4）アレクサンダー論文の分類

以上を整理すると、次のような図が描ける。

【アレクサンダー論文の区別の分類】

- 人の区別
  - 価値づけ（biases）による区別
    - 例外：親族・家族との特別な結びつき
  - 役割の理想（role ideals）による区別
  - 好悪（aversions and attractions）による区別

物の区別から人の区別への移行形態
- 代理指標（proxies）・固定観念（stereotypes）による区別
  - 自然法則由来
  - 心理的傾向・文化由来
- 反応資格（reaction qualifications）による区別

物の区別
- 通常の物の区別
- 汚染された区別

3　分類された区別の評価

続いて、アレクサンダー論文は、それぞれの区別について悪性を評価する。区別は、本質的に悪性なものと、本質的に良性なものに分かれる。

まず、人の区別について。アレクサンダー論文によれば、「価値づけによる区別は――自分自身を大切に思うことの中にある『価値づけ』と同じくらいに、自身のアイデンティティの中心にある親密な人々との結びつきを反映したものを除き――、典型的に本質的に不道徳だ」と断罪する。その理由として、全ての人が同じ道徳的価値を認められるべきという規範に反していることが指摘される。同じ理由で、役割の理想による区別も本質的に悪性だ。

他方で、個人的な好悪による区別は、判断が「最も難しい」としつつ、支配的な悪しき価値づけに導かれた好悪による区別は本質的に悪性とし、それ以外はそうでないという暫定的な結論が示される。

次に、物の区別についてでは、特に人に害を与えるような区別ではなく、歴史的な不遇に苦しんできた人を貶めるようなものでもないから、物の区別は本質的に良性だとする。汚染された選好による区別も、「より論争的なのは疑いないが」と留保しつつ、そもそも「汚染」されていない選好の在り方を想像することは難しいし、悪しき出自から自律した選好になる可能性も否定できないため、本質的に良性だとする。

また、代理指標による区別は、道徳的に何かを貶めるためのものではなく、限られた情報の中で正しい判断をするためのものであり、本質的には良性だとする（以上、192～194頁）。

本質的に悪性の差別は、定義上、全て悪性だ。他方、本質的には良性とされる区別も、それ自体の悪性ではなく、外因的（偶然的）な（extrinsically—contingently）事情で悪質と評価される場合がある。アレクサンダー論文は、その類型として二つの場合を挙げる。

第一は、価値づけを強化する場合。例えば、人種を代理指標に使うのを認めると、その人種を優れた存在だとか、劣った存在だとする価値づけを誘発したり、強化したりする。本質的に悪性のある価値づけの強化につながるなら、代理指標による区別を不当と評価せざるを得ない（194頁）。

第二は、不利益な扱いを受けたグループの人々の、心理と動機づけに悪影響を与えることだ。「女性は出産を機に仕事を辞める可能性が高いから出世させない」という統計的判断は、事実認識の一種で、価値づけによる区別のように本質的に悪質とは言えない。しかし、仮に正確だとしても、そうした判断を繰り返せば、女性は出世を目指して努力したり、資格をとったりする意欲を失ってしまう可能性がある。これは良性とは言い難い帰結だ（194〜200頁）。

以上が、差別の分類と評価の概要だ。アレクサンダー論文は、価値づけが悪質な理由や、代理指標や固定観念の扱い方について掘り下げが浅い印象もある。しかし、この論文は、「たいていの差別に関する議論は、分析の明確さと方法論の厳密さを獲得するのに失敗するから、複雑さと検討を正確に整理できたなら満足だ」とする（219頁）。確かに、整理された分類は、不当な差別とそうでない区別を分けるために有意義だろう。

おわりに

アレクサンダー論文のポイントは、差別の悪性を、特定の類型の人々を他の人々よりも価値が高い、あるいは低いとする「価値づけ」に求めた点にある。この論文によれば、価値づけに由来しない区別は、それ自体としては悪性とは言えず、悪しき価値づけを前提にしていたり、強化したりする場合に悪質と評価される。

「差別」は、しばしば、本書で「偏見」と呼んできた誤った事実認識と混同される。しかし、「○○人は他の人間と平等に扱われるべきではない」とか「男性は女性に優先して扱われるべきだ」といった価値観と、「○○人は遅刻が多い」「女性は数学の問題を解く能力が劣っている」といった事実認識とでは、性質が異なる。

そこで、アレクサンダー論文は、価値づけによる区別と、事実認識に基づく代理指標・固定観念による区別を厳密に分けて分類した。この分類は、差別と偏見の違いを明確にするし、差別が事実認識ではなく価値観の問題だという理論の展開につながる。

20世紀の半ばまで、あからさまな人種差別が差別問題の中心だった。20世紀の終わりに、それが解消してゆくと、人種差別ほど悪質さが明白でない差別や、アファーマティブアクションのような、必ずしも悪質とは言えない人種での区別が登場し、限界事例が増えた。ここでは、差別とそれ以外の区別の線引きが難しくなる。アレクサンダー論文は、「価値づけ」の有無という線引きのための重要な基準を提供した。

では、「価値づけ」による差別は、近年では、どういう形をとっているのか。次章は、それを分析した論文を紹介しよう。

第19章　象徴的／現代的差別と緊密侵害

はじめに

第16～18章では、20世紀後半のアメリカにおける法学分野の差別関係の論考を紹介した。その特徴は、差別が法制度の形をとっていたことにある。人種によって学校や公共交通機関の車両が区分され、女性の選挙権は否定され、同性愛行為が処罰されることもあった。20世紀の終わりから21世紀に入ると、少なくも形式上は、法制度における差別は解消していく。

だからといって、社会から差別が消滅するはずもない。差別は、より見えにくい形で継続する。法学は制度の形式に注目する学問分野だから、そうした差別は捉えにくい。法律に「男性にのみ被選挙権を与える」と書いてあれば、すぐに差別だと把握できるが、選挙の現場でなんとなく女性の候補者が敬遠される状況があったとしても、「差別ではない」との理由づけがなされてしまい、差別として捉えるのが困難になる。

こうした中、人の内心を研究する心理学や、概念の定義を扱う哲学・法哲学の分野で、差別に関する重要な研究が発展していった。法学も、こうした隣接分野の研究成果やアイデアから学ぶべきだろう。そこで、今回は、社会心理学の分野に現れた重要な二つの概念——象徴的／現代的レイシズム（symbolic/modern racism）と緊密侵害（microaggression）——を紹介してみたい。後者は、一般に「マイクロアグレッション」とカタカナで直訳されるが、緊密侵害という訳語を選択した理由は後述する。

1　象徴的／現代的レイシズム

社会心理学者の高史明《たか》准教授（東洋大学）は、在日コリアンへの差別に関する一連の研究の中で「象徴的レイシズム」「現代的レイシズム」という概念を紹介している（高史明『レイシズムを解剖する』勁草書房・２０１５年・12〜18頁等）。その説明を見てみよう。

（1）象徴的レイシズム

まず、「象徴的レイシズム（symbolic racism）」とは、社会心理学者のデイヴィッド・Ｏ・シアーズ教授（カリフォルニア大学ロサンゼルス校）らが展開した概念だ。シアーズ教授の代表的な論文の一つである「偏見と政治：象徴的レイシズム対良き生活への現実的脅威」（Donald R. Kinder & David O. Sears, "Prejudice and Politics: Symbolic Racism Versus Racial Threats to the Good Life," Journal of Personality and Social Psychology, Vol.40, No.3, pp.414-431, 1981. 以下、キンダー&シアーズ論文）の記述に沿って説明してみよう。

この概念を理解するには、文脈を押さえる必要がある。

差別の原因について、社会心理学分野では、「現実的な集団闘争理論（realistic group conflict theory）」と呼ばれる有力な理論がある。差別は、集団同士の富や地位をめぐる闘争に起因するという理論だ（キンダー&シアーズ論文・415頁）。例えば、黒人が雇用や出世で差別される社会では、白人労働者が利益を得る。だから、白人は黒人に対する差別的な考えを持つようになるということだ。

この理論は、一見すると非常に説得的だ。差別が、多くの利得を差別者にもたらすことは、ここまでに指摘してきた。ただし、この理論だけでは説明しきれない現象がある。キンダー&シアーズ論文は、現実的な生活への脅威がなければ、差別をしないという経験的な証拠は乏しいと指摘している。いくつかの研究によれば、アファーマティブアクション（積極的差別是正措置）やバシング（人種統合のため白人集住地区と黒人集住地区の子どもたちを、バスに乗せて同じ学校に通わせる）といった政策について、自分や自分の子どもが当事者になる可能性がない人でも、敵視する態度を形成することがある。

キンダー&シアーズ論文が注目するのは、人々の道徳感情だ。差別解消のもろもろの政策は、「伝統的なアメリカの諸価値」への侵害に見える側面がある。黒人を対象とした公的援助は「不公正」だし、アファーマティブアクションは「逆差別」で、バシング政策は「強制的」で自由を害する（キンダー&シアーズ論文・416頁）。差別は、差別者の生活への脅威ではなく、社会的な道徳・礼節への感情に根付いているのではないか。

シアーズ教授は、こうした道徳や礼節への感情に根差すレイシズムを「象徴的レイシズム」と呼んだ。象徴的レイシズムとは、①すでに黒人差別は解消しているにもかかわらず、②現在の黒人たちはあまりに強く、性急な要求をしており、③政府による「逆差別」や不公正な黒人への特別扱いが横行しているという信念を指す（David O. Sears, "Symbolic Racism" in Phyllis A. Katz & Dalmas A. Taylor ed., ELIMINATING RACISM, Springer, 1988, p.56）。これは、観念的抽象的で、実利とはあまり関係のない象徴の領域で生じる差別だ。だから、象徴的レイシズムと呼ばれる。

その上で、キンダー&シアーズ論文は、ある市長選挙における白人候補と黒人候補への投票を分析し、実際に、象徴的レイシズムに染まった人は存在しており、それが投票行動に明らかな影響を与えていることを論証している。

(2) 現代的レイシズム

これに対し、公共政策学者のジョン・B・マコナヒー氏は、シアーズ教授らが「象徴的レイシズム」と呼ぶものを「現代的レイシズム（modern racism）」と呼ぶ方が適切だとする。以下、マコナヒー氏の「現代的レイシズム、両義性、現代的レイシズム尺度」（John B. McConahay, "Modern Racism, Ambivalence, and The Modern Racism Scale" in John F. Dovidio & Samuel L. Gaertner ed., PREJUDICE, DISCRIMINATION, AND RACISM, Academic Press, 1986. 以下、マコナヒー論文）を参照しながら、説明してみよう。

マコナヒー氏が強調するのは、旧来型レイシズム（old-fashioned racism）との対比だ。旧来型レイシズムとは、「よく知られた固定観念、分離政策と大っぴらな差別を支持する」信念だ（マコナヒー論文・93頁）。こうした旧来型レイシズムは、20世紀半ば以降のポスト公民権運動の時代に急速に姿を消した。様々な世論調査が、南部諸州ですら、制度的な人種分離を求める声が消滅していったことを示している。

シアーズ教授らが象徴的レイシズムと呼んだ差別は、旧来型レイシズムと入れ替わるように登場した新しいイデオロギーと信念の体系だ。マコナヒー論文は、このような時代の流れを強調するため、「旧来型」と対比して、「現代的（modern）」レイシズムという用語を採用すべきとする（マコナヒー論文・96〜97頁）。いくつかの調査から、旧来型レイシズムと現代的レイシズムは、「二つの異なる、ただし相互依存的で経験的・認知的な次元」を構成することが分かってきている（マコナヒー論文・110頁）。

象徴的レイシズムも現代的レイシズムも、その内容は同じだ。違うのは、それが観念的なものであることを強調するか、旧来型レイシズムとの対比を強調するかだ。

(3) 象徴的／現代的レイシズム概念の示唆

法学や権利論の面から見たとき、シアーズ教授の指摘とマコナヒー氏の指摘、両方が重要だ。

まず、「象徴的レイシズム」論が強調するように、人は自分の実利と無関係に差別を行うという点は重要だ。これは、人種差別分野に限らない。例えば、別姓希望カップルや同性カップルに婚姻を認めても、同姓希望カップルや異性愛者は全く困らない。しかし、実際には、全く影響を受けない人たちが、選択的夫婦別姓や同性婚の法制化に反対しようとする。

次に、「現代的レイシズム」論は、差別が、「現実の否認」に転化することを示唆している。マコナヒー氏によれば、ヒトラーの行状がレイシズムに決定的な悪名を刻み（マコナヒー論文・91頁）、それ以降、旧来型レイシズムは急速に消滅していった。

とはいえ、制度を変えれば、差別が作った地位や富の配分が即座に平等化するわけではなく、その是正には積極的な差別対策が必要になる。しかし、そうした対策は、「○○人は劣っている」とか「女性は家庭にいるべきだ」といった旧来型の差別ではなく、自由、平等、市場での価値、努力の尊重といった普遍的な規範を理由に批判できる。そして、そうした規範を前提に、現在の配分が長く続いた差別の帰結であることを否認し、「差別は過去のもの」という態度をとるのが、象徴的／現代的レイシズムの特徴だ。

米国占領下の沖縄では、先に主権を回復した本土に比べ反米運動をし難かった。こうした事情を背景に、米軍基地が本土から移設されたり、本土の基地縮小が優先されたりした。こうした歴史的経緯を見ようとせず、沖縄への基地集中を、例えば、「東アジアのパワーバランス」という用語で正当化しようとする態度によく似たものを感じないだろうか。

象徴的／現代的レイシズムの概念は、差別の問題について、普遍的な規範を単純に当てはめることが差別になり得ることを示している。これは、差別されない権利を考える上で重要だ。

2　緊密侵害（microaggression）

マコナヒー氏が指摘するように、20世紀後半に入ると、法制度で堂々と人種を理由に区別したり、権利を否定したりする、あからさまなレイシズムは姿を消してゆく。人種差別以外の領域でも同様で、女性差別は解消され、同性愛や同性婚の権利も認められていった。こうした中で、国家の法制度という多くの人に関わる領域ではなく、もっと個人間の緊密な領域での差別に注目する必要が出てきた。このことを喚起するために重要なのが、緊密侵害の概念だ。

（1）緊密侵害とは何か？

緊密侵害とは、「意図的または非意図的に、言葉あるいは言葉以外での、対象を傷つけるやりとり」と定義される（後出スー論文・8頁）。例えば、アジア人に「算数が得意なんでしょ」と声をかけたり、職場で男性は名字で「さん」づけ、女性は名前で「ちゃん」づけで呼んだり、男女2人の担当者がいたときに男性の方にばかり気を遣う、といった言動がその例だ。こうした緊密な関係における言動一つ一つは大した害にならないかもしれないが、積もり積もってマイノリティに巨大なストレスを与える。

この概念を掘り下げたのが、心理学者のデラルド・ウィン・スー教授（コロンビア大学）だ。その主著である『日常生活に埋め込まれたマイクロアグレッション』(Derald Wing Sue, MICROAGGRESSIONS IN EVERYDAY LIFE, Wiley, 2010. 邦訳は明石書店より２０２０年発行。引用は、Lisa Beth Spanierman が著者に加わった2nd Edition（2020）に依拠する。以下、スー論文）の記述と併せて、概念を見てゆこう。

緊密侵害は、しばしば「マイクロアグレッション」とカタカナで直訳される。ただ、この訳し方には、二つ問題がある。まず「マイクロ（micro）」の語は、攻撃や侵害の程度が「小さい」という誤解を生む可能性がある。スー教授によれば、micro の語は「それが小さいこと、無害なことを示したいのではなく、個人間の小さいレベルの行為の文脈にあることを強調するもの」だ。micro

の語を見て、ささいな「チクチク言葉」を指していると理解するのは正しくない。ここでのmicroは、マクロ経済に対するミクロ経済と言うときのmicroに近い。実際、スー教授は、microaggressionと対比して、macroaggressionという言葉を使っている（スー論文・第四部参照）。

また、「アグレッション（aggression）」の語は、一般に、傷つける意思に基づく攻撃と理解されることが多いが、ここでは意図の有無にかかわらず、害を引き起こす言動全てを指す（スー論文・7〜8頁）。そこで、本章では、個人間の緊密な関係で起きる侵害一般という意味で、緊密侵害と訳すことにしたい。万全な訳ではないが（邦訳者の中村正氏も訳しにくい概念だと指摘している。訳・441頁）、スー教授の意図に沿うものと考えている。

(2) 緊密侵害の種類

スー教授は、緊密侵害を、①緊密攻撃（microassault）、②緊密侮辱（microinsult）、③緊密無化（microinvalidation）の3種類に分ける（スー論文・42頁）。

まず、①緊密攻撃は、対象を傷つける意図での暴力的な言動、環境的な攻撃を意味し、蔑称で呼ぶなど、排他的な行動、意図的な差別行為による明示的な相手への侮蔑を意味する。これは、明示的で意図的な差別行為だ。

他方、②緊密侮辱は、失礼で配慮のないコミュニケーションや、その人の背景を貶めたりすることを言う。知的能力と出自を結びつけること、二級市民として扱うこと、その人の文化や価値観を病的なものとして扱うこと、犯罪者予備軍として扱うことなどが挙げられる。これはたいてい、非意図的だ。

最後に、③緊密無化は、マイノリティの考え、感情、経験的な考えを排除し、無視し、ないもののように扱うことを指す。よそ者扱いすること、人種などによる立場の違いなどを無視すること、能力主義の観点からマイノリティの不利な状況を否認することなどがこれに含まれる。

これらの緊密侵害は、加害者側の軽さに比して、被害者への侵害の度合いは甚大だという。これらの行為はあまりに気軽に行われるため、侵害が起きたことが曖昧にされやすい。そして、抗議をしたり、訂正したり、その意味を考えたりする間もなく、過ぎ去ってしまう。被害者は、ストレスを感じつつ、無力感にさいなまれる（スー論文・75～77頁）。

各種の研究は、そのストレスが膨大であることを示しており、多くの人はまずそれを認識する必要がある（スー論文・79～81頁）。

（3）緊密仲裁の戦略

スー教授らは、こうした緊密侵害の被害を、緊密仲裁（microintervention）の手段で緩和すべきことも提案する。緊密仲裁とは、緊密侵害と同様の緊密な関係でのコミュニケーションであり、「（a）被害者の経験的現実を承認し、（b）人間としての価値を認め、（c）被害者の人種またはグループとしてのアイデンティティを承認し、（d）被害者を勇気づけ、（e）彼ら、彼女らが一人でないことを再確認する」ものを言う。

これには三つの機能がある。第一に、心理面における生活の快適性を高め、被害者・支援者・傍観者に自分らの行動が有効であるとの感覚を与えること。第二に、個人間で侮辱する人や、偏った政策や実践の中で働く権威をまとう人による緊密侵害の効果を無害化し、それに対抗する反応のレパートリーを供給すること。第三に、日常的な介入は、包摂的な雰囲気を作り、すべきでない行為をくじき、互いを尊重するコミュニケーションに価値を置く規範の実現に寄与すること（スー論文・258〜260頁）。

こうした緊密仲裁の目標は、見えないものを見える形にすることだという。緊密侵害の特徴として、加害者は、加害的なメッセージに無自覚な点が指摘されている。自覚なき加害は、自覚がない分、改善しにくい。例えば、アジア人に「君、数学得意なんでしょ？」と言う人は、褒めているつもりであり、人を人種で評価してもよいというメッセージを発信したり、加害をしたりしている自覚を持たないことが多い。緊密仲裁は、そうしたメッセージを自覚させ、改善のきっかけを作る（スー論文・260〜271頁）。

（4）緊密侵害論の示唆

緊密侵害は、身近にありふれている。その中には、刑罰や損害賠償の対象になるものもあるが、多くは立証しにくく、またありふれすぎているため、法的強制の対象にしにくい。スー論文は、様々な対策を示しているが、家庭や学校、職場といった緊密な関係のある空間で、個人の尊厳の価値を確認し、加害を和らげ、抑制するコミュニケーションの重要さを指摘している。強制だけでなく、相談窓口を設ける、啓発メッセージを出すなど、法制度にできることも多くあるだろう。

おわりに

本章では、社会心理学・心理学の領域で展開してきた三つの重要な概念を紹介した。これらは、差別解消のための法制度に与える示唆も大きい。次章は、差別と尊厳の関係についての論文を紹介しよう。

第20章　価値づけ説と加害説

はじめに

法学では、「限界事例」に突き当たり、議論が迷宮に迷い込むことがある。例えば、国葬反対のデモをしただけで刑罰を科せば、誰もが表現の自由（憲法21条1項）の侵害だと認定する。これは「典型事例」だ。これに対して、首相が記者会見で「国の方では、国葬反対デモのテレビ報道を録画して、どのような人が参加しているのか、きちんと確認していますよ」と言ってニッコリ微笑んだとしたらどうだろう。単に批判を受け止めているようにも、「デモの参加者を把握しているので、権力を使って不利益を与える可能性がありますよ」と脅しているようにも見える。この言動が、表現の自由の侵害なのかどうかは微妙だ。このように、法を適用すべき／すべきでないラインの限界にある事例を「限界事例」と言う。

通常、限界事例は、それだけを眺めていても答えは出ない。その解決には、しばしば典型事例の中核的要素が分析される。典型事例のどの要素が法を適用する理由になるのかが明確になれば、限界事例がその要素を持っているかどうかを検討することで答えが出るからだ。

差別の概念分析も、同じようなところがある。例えば、同じ仕事をしているのに、女性の給与が男性の半分だったとすれば、誰もが女性差別だと認めるだろう。では、これが女性差別だと認識されるに至る中核的要素は何なのか。この問いを考えておくことは、差別かどうかの判断がより微妙な事例の判断に役立つ。

近年、差別の悪性がどこにあるかを哲学的に考察する研究が増えている。代表的な二つの論文を紹介してみたい。本章の内容は、特に、堀田義太郎「差別の規範理論」(『社会と倫理』第29号・2014年)を参照している。

1　価値づけ説

(1)『差別はいつ悪質になるのか』

1冊目は、デボラ・ヘルマン『差別はいつ悪質になるのか』(Deborah Hellman, WHEN IS DISCRIMINATION WRONG?, Harvard University Press, 2008. 邦訳・池田喬・堀田義太郎訳・法

政大学出版局・2018年。以下、ヘルマン論文。引用は「ヘルマン論文・1頁、訳・2頁」のように、原著と邦訳の頁数を示して行う）だ。

著者のヘルマン教授は、1963年、コネチカット州ニューヘイブン生まれ。コロンビア大学で哲学を、ハーバードロースクールで法学を学び、現在はヴァージニア大学教授（憲法、倫理学）を務めている。

ヘルマン論文は、哲学と法学の専門知を駆使して、差別と呼ばれる行為の悪性はどこにあるのかを分析し、それは被差別者の道徳的価値を傷つける点にあるとした。これを「価値づけ説」と呼ぶことができるだろう（なお、堀田論文は、尊重に着目して差別の悪性を説明する議論であることから「尊重ベース説」と呼んでいる）。

(2) 差別と不合理性の違い

ヘルマンはまず、「差別（discrimination）」という言葉が、記述的に使われる場合と、道徳的に使われる場合があると指摘する。①記述的な意味での差別が、人々の持っている要素による区別を記述するのみなのに対し、②道徳的な意味での差別は、差別としての悪性を持った区別を指す（ヘルマン論文・13頁、訳・16～17頁）。この二つを区別するため、ヘルマンは②を「悪質な差別（wrongfully discrimination）」と表現する。

ヘルマンは、不当な区別の全てが悪質な差別になるわけではないとする。例えば、大学入試で、担当者が「Aで始まる受験生」を入試得点と無関係に全員不合格にしたとしよう。これは明らかに不当だが、それは予め定められた入試の基準を逸脱しているからであって、差別としての悪質さを持つわけではない。差別としての悪質さを持つのは、「平等規範（norm of equality）」に反している区別だ（ヘルマン論文・16頁、訳・20〜22頁）。

ヘルマンの立場に立つならば、連邦憲法の平等保護条項の解釈は、平等規範から導かれたものとは言い難い。本書でも見たように、一般に平等保護条項は、正当な目的に照らし合理性を持たない（目的達成に役立たない）区別を禁じるものと解されてきた。これによるならば、合理性なき区別が恣意的な扱い（arbitrary treatment）なのは確かだが、平等規範に反するものではない（ヘルマン論文・20頁、訳・28頁）。

ヘルマンは、第五章で「合理性」とそれと同義の概念が、差別としての悪質さと無関係であることを丁寧に論じる（ヘルマン論文・114〜134頁、訳・173〜210頁）。平等条項の解釈では、目的達成に役立つことを、適合（fit）・正確（accurate）・合理的（rational）・疑似的でない（non-spurious）・効率性（efficiency）などの用語で表現する。このうち、効率の概念は、指標の正確性とその指標で判断するコストを複合するいささか複雑な概念だ。ペーパーテストよりも面接の方が適切な人選ができる場合でも、面接のコストが高すぎるならば、ペーパーテストの方が効率的となることもある。このような違いはあるものの、これらの用語は、何らかの目的達成に役立つかどうかに注目する概念である点では共通する。

これまで紹介した論文でもしばしば議論されてきたように、目的達成のための合理性等の概念は、必ずしも悪質な差別を排除しない。ヘルマンは次の三つの事例を挙げて、このことを説明する。

第一に、いわゆる統計的差別の事例。人種差別が蔓延した社会では、人種が、教育・教養・財産などの水準と強い相関関係を持つ要素となる。このため、教育・教養・財産などで区別したいという目的に対し、人種で区別することは極めて合理的で正確で効率的だ。しかし、これは悪しき差別だろう。

第二に、不正確さが悪しき差別を意味しない事例。例えば、冷戦期には国際政治研究のために中国語やロシア語が特に重要だったが、現在では、中ロ以外の地域の研究も盛んになり、ラテンアメリカ研究のためのスペイン語、中東研究のためのアラビア語など、多様な言語が重要になった。頭の古い大学教授が、国際政治学の博士コースの入試でスペイン語力を全く評価せず、中国語・ロシア語の力だけを求めたとしよう。これは、大学院の目的に照らし甚だ不正確な要求だが、その悪性は人種差別や女性差別の悪性とは違うと感じる人が多いだろう。

第三に、正確さを高めても、悪しき差別は改善されない事例。例えば、1990年代、保険会社は、DV被害経験者の女性に高い保険料を設定していた。加害者から再び生命・身体への加害を受ける可能性が高いためだ。これは悪しき差別に見える。仮にDVの程度をより正確に評価し、DVの深刻度に応じて上乗せする保険料率を変え、より正確にしたとしても、悪しき差別のように見える。

こうした例を整理すると、不合理性と差別の悪性は別の概念だと理解せざるを得ない。

（3）価値づけ説

では、平等規範に反する悪しき差別とは、どのような区別か。

ヘルマンによれば、差別の悪性は、対象を貶価《へんか》（demean）するところにある（ヘルマン論文・7頁、訳・11頁。貶価という訳語については、訳・271頁参照）。貶価とは、他者の価値に影響（efficacy）を与える権力・地位を持つ者が、他者を「不完全な人間」あるいは「平等な道徳的価値を持たない者」とする表現行為を含む（partly an expressive act）取扱い、を意味する（ヘルマン論文・35頁、訳・51頁）。

ヘルマンは、不当取扱いの歴史あるいは現在の社会的不利（History of mistreatment or current Social Disadvantage）を示す特徴をＨＳＤ特徴と呼ぶ（ヘルマン論文・21〜22頁、訳・30頁）。ＨＳＤ特徴による区別は、多くの人が悪質な貶価を含む差別と感じる。アメリカにおける黒人差別、日本における在日韓国・朝鮮人差別の歴史、あるいは世界中での女性差別やＬＧＢＴ差別の実情を背景にした人種・性別・性的指向・性自認による差別がこれにあたると言えるだろう。

例えば、ある地域で寡占状態にある貸家業者Ａが、人種や性別、性的指向といったＨＳＤ特徴を持つ人は劣った価値しかないという考えに基づき、その特徴を持つ者に家を貸さない方針をとったとする。このとき、Ａに排除されれば住居を見つけるのが困難になるという意味で、Ａには他者の価値に影響を与える権力や地位があり、賃貸拒否の方針はその特徴を持つ人の価値を下げる影響を持つ。よって、悪しき差別と言える。

他方、学者Bが留学中の1年間、家具つきのまま誰かに家を貸すことにしたとしよう。このとき、Bが、「独身20代の男性はパーティーを頻繁に開催する可能性が高く、家財道具を粗末に扱う可能性が高い」という認識から、独身20代男性を候補者から外したとしても、Bの賃貸方針は一回的であり、独身20代男性は他にいくらでも住居を探すことができる。このため、Bは権力・地位を持つとは言えず、候補者から外した理由も平等な価値の否定ではなく、乱暴に家財を扱う事実の予測にすぎない。このため、侮辱的ではあっても、悪しき差別とは言い難い（ヘルマン論文・36～37頁、訳・54～55頁）。

ただし、定義から明らかなようにHSD特徴による区別以外にも、悪しき差別になる例はある。ヘルマン教授の議論は、不合理な区別と悪しき差別は異なる概念だという点を、哲学・法学両分野にわたる知見を駆使して明快に指摘している。本書の議論とも適合する点が多い。

2 加害説

（1）『生まれながらの自由かつ平等？』

差別の悪性について、カスパー・リッパート‐ラスムッセン『生まれながらの自由かつ平等？』（Kasper Lippert-Rasmussen, BORN FREE AND EQUAL?, Oxford University Press, 2014. 以下、リッパート‐ラスムッセン論文）も、興味深い立場を提示している。

リッパート‐ラスムッセン教授は、1964年、デンマーク・コペンハーゲン生まれ。デンマークのオーフス大学を卒業後、イギリスに留学。オックスフォード大学などで学んだ哲学者で、現在はオーフス大学の教授を務めている。リッパート‐ラスムッセン論文は、価値づけ説の問題点を指摘した上で、加害説と呼ぶべき見解を提示した。

（2）価値づけ説の何が問題なのか？

リッパート‐ラスムッセン論文は、まず価値づけ説を批判する。ヘルマン論文は、貶価を伴う区別は、平等規範に反するから悪質だとした。しかし、貶価の全てが平等規範に反するとは言えないし、ヘルマンの言う平等規範が全ての貶価を悪質とするような規範であるなら、道徳的規範として妥当とは言い難い。

例えば、家庭内で、大人が政治の議論をするときに、子どもの発言を無視し、大人の発言に比べ低い価値しか認めなかったとする。これは貶価だが、平等規範に反するものとは言い難い。それも含めて不当と評価する規範なら、その平等規範は道徳的議論の基盤になるような適切性を持たない（リッパート‐ラスムッセン論文・134〜135頁）。

私はこの事例は、差別だと思うが、それはひとまず置いておこう。これは、私たちの生活の中で、価値づけを避けられない場面は多くあり、価値づけを悪質と断じきることができないという批判だ。

（3）集団差別の定義

そこで、リッパート‐ラスムッセン論文が提示するのが、害ベース説明（harm based account）だ。この論文は、分析哲学の手法を用いて、極めて緻密に「集団差別（group discrimination）」を定義しようとする。難読だが、この論文の特色がよく出ているところなので直訳してみよう。

この論文によれば、「XはΦすることによってZとの関係でYを差別していると言えるのは、以下のような場合のみである。（i）ある属性（property）Pを、Yは持っており、Zは持っていない（とXが信じている）。（ii）XはΦすることで、Zに比べYをひどく扱う。（iii）その理由は、YがPを持っていて、ZがPを持っていない（とXが信じている）からだ。（iv）Pは、（Zが属していない）ある種の社会的に目立つ集団のメンバーであるという属性だ。（v）Φは行為・政策・

実践のレレバントな類型（relevant type）であり、その類型の行為等は多く存在する、そして、その事実がPを持つ人々（あるいはそうした人々の部分集団）を他の者に比して状況を悪化させる、あるいは、Φは行為等のレレバントな類型であり、その類型の行為等はPを持つ人々を他の者に比して状況を悪化させる、あるいは、XがΦすることは、Pを持つ個人への敵意（animosity）あるいは嫌悪によって、あるいはPを持つ者は劣っている、あるいは他の者と交わるべきではないという信念によって動機づけられている場合」（リッパート－ラスムッセン論文・45〜46頁）。

この定義のうち、（v）の「レレバントな類型」は、分かりにくい概念だが、次の例を考えてほしい。ある俳優が、マーティン・ルーサー・キング役の配役から白人だという理由で外されたとする。この配役は、理論的には〈白人の排除〉と〈役に不適任な人の除外〉の二つの行為類型に分類できる。しかし、この場面の道徳的評価をする場合には、前者ではなく、後者の類型に属する行為と理解して議論すべきと考える人が多いだろう。このように、道徳的評価との関係で、その行為を分類すべき類型が「レレバントな類型」である（リッパート－ラスムッセン論文・28頁）。

（4）加害説

この論文は、こうした集団差別のうち、差別がなければ得られたはずの状況よりも悪い状況に追い込むのが、悪しき差別だとする。差別の悪性は、差別がない状態に比して、対象に害を加えるところに求められる（リッパート－ラスムッセン論文・154〜155頁）。差別の悪性に関する加害説と呼ぶことができよう。

加害説では、まず、「差別がなければ得られたはずの状況」をどのように画定するかが問題となる。この点について単純に思いつく説明は、「その行為がなければ起きたはずのこと」を想定する説明だ。これを「直線的説明（Straightforward Account）」と言う。しかし、差別で大学から追放された人が、後に起業して大金持ちになったケースを考えてみよう。このケースでは、差別がなかった状況よりも、差別された方が良い状況に見えるかもしれない。しかし、だからといって、「大学からの追放は悪い差別ではない」と言われたら、多くの人は違和感があろう。

利害の比較は、起業による成功などの「差別と関係ない事情」を考慮せず、差別と関係ない他の状況が全て等しい前提で行うべきだろう。これを「無差別ベースライン説明（No-Discrimination Baseline Account）」と呼ぶ（リッパート‐ラスムッセン論文・157〜159頁）。

加害説の最も重大な難点は、異なる個人間の利害の大小をどう比較すべきか、という点だ。例えば、大学入試におけるアファーマティブアクション（積極的差別是正措置）は、それがなければ入学できなかったであろうある者を入学させる一方で、それがなければ合格したであろうある者は入学できなくなる。なぜ、前者のもたらす利益は、後者の害を上回ると言えるのか。

この論文は、この点を優先主義（prioritarianism）の観点から説明する。すなわち、より恵まれていない者の利益は、恵まれた者の利益よりも高い道徳的価値を持つという考え方だ（リッパート‐ラスムッセン論文・165頁）。

おわりに

本章冒頭の給与における女性差別の例に戻ろう。価値づけ説からは、給与が下がる害そのものが問題なのではなく、これが女性を貶価することが問題だということになる。他方、加害説からすれば、価値づけが問題なのではなく、差別がない状態よりも、女性が受け取れる給与が少なくなることが問題だということになる。

この二つの説明は、それぞれ長短がある。価値づけ説は、差別の被害者は、ただ利益を奪われただけでなく、精神的に傷つけられる理由をよく説明する。1万円盗まれたときの痛みと、差別で給料を1万円下げられたときの痛みは同じではない。他方、加害説が問題とするように、差別が価値観の面だけでなく、政治・経済・社会・家庭・物質とあらゆる面で害をもたらす点も看過できない。

どちらが妥当かは簡単に結論が出ない問題だが、価値づけ説も加害説も差別を考えるときに忘れてはいけない視点を提示している。

第21章　平等権と差別されない権利の違い

はじめに

ここまで、差別の概念を整理し、日米の平等権と差別されない権利の判例の傾向を確認した上で、日本の家族法分野における男女平等の歴史、アメリカにおける差別の哲学的・法学的分析の歴史を検討してきた。本書の総まとめとして、これから4章にわたり、「差別を解決するためにどのような権利を保障する必要があるか」を考えたい。

差別に関する憲法規定には、憲法14条1項がある。この規定は、平等権を保障するものと解釈されてきたが、平等権とは別の「差別されない権利」も保障していると解釈すべき理由がある。本章では、非嫡出子の法定相続分に関する決定を素材に、平等権と差別されない権利の違いを考えてみよう。

1　平等権とは何か？

憲法14条1項は次のように定める。

【日本国憲法14条1項】
すべて国民は、法の下に平等であつて、人種、信条、性別、社会的身分又は門地により、政治的、経済的又は社会的関係において、差別されない。

この規定は、国民に「平等権」を保障したものと解されている。また、最高裁の判例は、外国人にも憲法14条1項の趣旨は類推適用されるとしている（最大判昭和39年11月18日刑集18巻9号579頁）。

この平等権の内容について、ある権威的憲法教科書は次のように説明する。

【憲法教科書の平等権の説明】
恣意的な差別は許されないが、法上取扱いに差異が設けられる事項（たとえば税、刑罰）と事実的・実質的な差異（たとえば貧富の差、犯人の性格）との関係が、社会通念からみて合理的であるかぎり、その取扱い上の違いは平等違反ではないとされる。
（芦部信喜著・高橋和之補訂『憲法（第八版）』岩波書店・２０２３年・１３７頁）

平等権とは、不合理な区別をされない権利だ。この理解は広く受け入れられており、現在では、大半の憲法教科書・体系書がこの説明を採用する。これは日本に限ったことではなく、アメリカの平等保護条項（連邦憲法第14修正）、ドイツの「法律の前の平等」条項（ドイツ連邦共和国基本法3条1項）の解釈でも、〈不合理な区別の禁止〉という平等権の解釈が採用されている。

最高裁判例も同様の理解に基づき、次のような定式で憲法14条1項適合性を判断している。

【判例の憲法14条1項解釈】
憲法14条1項は、法の下の平等を定めており、この規定が、事柄の性質に応じた合理的な根拠に基づくものでない限り、法的な差別的取扱いを禁止する趣旨のものであると解すべきことは、当裁判所の判例とするところである〔略〕。
（最大判平成27年12月16日民集69巻8号２４２７頁・再婚禁止期間１００日超部分違憲判決）

区別が合理的根拠に基づいているか否かは、その区別をする立法目的が正当かどうか、また、その区別が目的達成に役立っているかどうか（判例の用語では「関連性がある」かどうか）、によって判断される。ここまでは、本書でまとめた通りだ。

区別の合理性の要請は、国家による差別を解消するのに有効だ。差別に基づく法律の多くは、正当な目的が説明できないか、目的は説明できても、区別がそれに役立っているとは説明できない。例えば、女性の公務就任資格を否定する法律の目的は、〈女性を公務から排除したいという感情を満足させること〉という程度の説明しかできないだろう。これは正当な目的とは言えない。あるいは、〈優秀な人材の登用〉が目的なら、優秀な女性を排除することが目的と関連しないのは明らかだ。ただ、残念ながら、区別の合理性の要請による差別解消には限界がある。それをよく表すのが、非嫡出子の法定相続分をめぐってなされた議論だ。

2　非嫡出子の法定相続分問題とは？——平成7年決定

非嫡出子の法定相続分問題とは、次のような問題だ。婚姻している両親の子を嫡出子、婚姻していない両親の子を非嫡出子と言う。法定相続分とは、被相続人（相続される人＝相続人が承継する財産などの元の所有者）が遺言を残さずに亡くなったときに適用される、各相続人の取り分のことだ。

2013（平成25）年に後述の違憲判決を受け改正される前の旧民法900条4号は、子の法定相続分について、次のように定めていた。

【旧民法900条】

同順位の相続人が数人あるときは、その相続分は、次の各号の定めるところによる。〔一・二・三略〕

四　子〔略〕が数人あるときは、各自の相続分は、相等しいものとする。ただし、嫡出でない子の相続分は、嫡出である子の相続分の二分の一とし、父母の一方のみを同じくする兄弟姉妹の相続分は、父母の双方を同じくする兄弟姉妹の相続分の二分の一とする。

この4号の但書前段の規定が適用されるのは、〈被相続人Aが妻Bと婚姻する以前に、事実婚パートナーCとの間に子どもを産んだ〉とか〈婚姻中に不貞行為の相手Dとの間に子どもを産んだ〉といった場合だ。これは、非嫡出子を「正統な子どもではない」と貶価し、経済的にも不利益を与える、悪質な差別規定に見える。

しかし、最高裁は、この規定の合憲性を初めて判断した最大決平成7年7月5日民集49巻7号1789頁（以下、平成7年決定）で、次のような論証で合憲の判断を示した。

【平成7年決定の論証】

本件規定の立法理由は、法律上の配偶者との間に出生した嫡出子の立場を尊重するとともに、他方、被相続人の子である非嫡出子の立場にも配慮して、非嫡出子に嫡出子の二分の一の法定相続分を認めることにより、非嫡出子を保護しようとしたものであり、法律婚の尊重と非嫡出子の保護の調整を図ったものと解される。これを言い換えれば、民法が法律婚主義を採用している以上、法定相続分は婚姻関係にある配偶者とその子を優遇してこれを定めるが、他方、非嫡出子にも一定の法定相続分を認めてその保護を図ったものであると解される。

現行民法は法律婚主義を採用しているのであるから、右のような本件規定の立法理由にも合理的な根拠があるというべきであり、本件規定が非嫡出子の法定相続分を嫡出子の二分の一としたことが、右立法理由との関連において著しく不合理であり、立法府に与えられた合理的な裁量判断の限界を超えたものということはできないのであって、本件規定は、合理的理由のない差別とはいえず、憲法一四条一項に反するものとはいえない。論旨は採用することができない。（傍線筆者）

最高裁は、立法理由を「法律婚の尊重と非嫡出子の保護の調整」と言う。このうち「非嫡出子の保護」とは、非嫡出子にも相続分を認めることそのものだ。とすれば、非嫡出子の相続分を嫡出子の半分とする目的は、「法律婚の尊重」ということになる。最高裁は、この目的は合理的で、嫡出子・非嫡出子の法定相続分の区別はその目的達成のために役立つから合憲、と言う。

この決定を批判する違憲論の多くは、「法律婚の尊重」を「法律婚違反の性関係、すなわち不貞行為の防止を意味する」と理解した。そう理解するならば、目的自体は正当だろう。しかし、「子どもが生まれたとしても相続分が半分になってしまうことを理由に不貞行為を控える人がいる」という因果関係は想定し難い。旧民法900条4号但書の設ける区別は、目的達成のために役立たない区別だから違憲だ。違憲論者は、平成7年決定をこのように批判した。

確かに、不貞行為の抑止に相続分の規定が役立つとは考えられない。しかし、この批判はあまり説得力を持たなかった。それは、最高裁の言う「法律婚の尊重」とは、「法律婚によって当事者が示した意思を尊重する」という意味だったからだ。

最高裁の論理はこうだ。この事件の当時、法律婚には、〈非嫡出子の法定相続分を2分の1にする〉という効果が含まれていた。法律婚をするということは、この効果を受け入れる意思を示すものだ。法律婚（によって被相続人が示した意思）の尊重という目的を達成するには、規定された法律婚の効果（旧民法900条4号但書）の通りに相続させる必要がある。

筋が通っているようで、何とも納得のいかないこの最高裁の論証には、平等権の限界がよく表れている。平等権の審査は、区別の目的を起点として、その目的の合理性と、手段としての関連性を問う。目的さえ決まってしまえば、その合理性や関連性も、多くの人が納得するような客観性を備えた審査ができるだろう。ただ、「何を区別の目的とするか」は恣意的に操作できてしまう。この最高裁決定は、「法律婚の尊重」という目的を起点に置いたため、単純なトートロジーで合憲性を説明できてしまった。

3　非嫡出子の法定相続分問題の解決――平成25年決定

平成7年決定から約20年後、最大決平成25年9月4日民集67巻6号1320頁（以下、平成25年決定）は、平成7年決定の結論を覆し、旧民法900条4号但書を違憲と判断する。

平成7年決定を覆すには、次の三つの論証のいずれかが必要だ。

【平成7年決定を覆すのに必要な論証】

論証A：被相続人が法律婚で示した意思を尊重するという目的（「法律婚の尊重」）は不当であり、それを正当とした評価が誤っていた。

論証B：何らかの事情変更により、旧民法900条4号但書の区別が目的達成に役立たなくなった。

論証C：旧民法900条4号但書は、目的も正当で、達成方法としても関連性があるが、それとは別に、看過し難い付随的な弊害があるから違憲と評価すべき。

では、平成25年決定は、このうちどの論証を採用したのか。決定は、まず、次のような事情を指摘する。

【平成25年決定の違憲判断の根拠】

①婚姻、家族の形態が著しく多様化しており、これに伴い、婚姻、家族の在り方に対する国民の意識の多様化が大きく進んでいることが指摘されている。

②現在、我が国以外で嫡出子と嫡出でない子の相続分に差異を設けている国は、欧米諸国にはなく、世界的にも限られた状況にある。

③平成5年、国連の自由権規約委員会が、嫡出でない子に関する差別的規定の包括的削除を勧告し、その後も各委員会が、具体的に本件規定を含む国籍、戸籍及び相続における差別的規定を問題にして、懸念の表明、法改正の勧告等を繰り返してきており、最近でも、平成22年に、児童の権利委員会が、本件規定の存在を懸念する旨の見解を改めて示している。

④我が国における嫡出子と嫡出でない子の区別に関わる法制等も、区別をなくすように変化してきた。

⑤嫡出子と嫡出でない子の法定相続分を平等にする法案は、政府も準備してきた。

⑥法律婚を尊重する意識が幅広く浸透していることや、嫡出でない子の出生数の多寡、諸外国と比較した出生割合の大小は、法定相続分の区別に直ちに結びつくものとは言えない。

⑦平成7年決定以来、最高裁の小法廷判決及び小法廷決定においても、違憲の個別意見が繰り返し述べられてきた。

最高裁はこうした指摘に続けて、次のように述べた。

しかし、本件規定の補充性〔遺言がなかった場合に補充的に使われる規定であること・木村補足〕からすれば、嫡出子と嫡出でない子の法定相続分を平等とすることも何ら不合理ではないといえる上、遺言によっても侵害し得ない遺留分については本件規定は明確な法律上の差別というべきであるとともに、⑧本件規定の存在自体がその出生時から嫡出でない子に対する差別意識を生じさせかねないことをも考慮すれば、本件規定が上記のように補充的に機能する規定であることは、その合理性判断において重要性を有しないというべきである。（丸数字と傍線は筆者）

【平成25年決定の論証】

平成25年決定は、①〜⑧の要素を挙げ、「本件規定の合理性に関連する以上のような種々の事柄の変遷等は、その中のいずれか一つを捉えて、本件規定による法定相続分の区別を不合理とすべき決定的な理由とし得るものではない」としつつ、総合考慮の結果、「遅くともAの相続が開始した平成13年7月当時においては、立法府の裁量権を考慮しても、嫡出子と嫡出でない子の法定相続分を区別する合理的な根拠は失われていた」と結論した。

一見すると、平成25年決定は、①〜⑧の要素の全てが平成7年決定の論証を覆す理由になると判断し、それらを総合して違憲の結論を出しているように見える。しかし、要素①~⑧は、「法律婚の尊重（法律婚によって示された被相続人の希望通りに相続させる）」という目的を不当だと評価する理由にならない。したがって、論証Aには結びつかない。

また、平成25年決定の事案でも、被相続人は旧民法900条4号但書が有効なことを前提に法律婚をしている以上、その法律婚を尊重するならば、非嫡出子の相続分を2分の1にしなければならないのは、平成7年決定の事案と同様だ。そうだとすると、①~⑧の要素は、論証Bにも結びつかない。さらに、要素①~⑦は、いずれも旧民法900条4号但書はおかしいと考える人が多いという事実を示すだけで、それがもたらす弊害を説明するものではなく、論証Cにも結びつかない。

そうだとすると、平成7年決定の結論を覆し得るのは要素⑧のみ。改めて見直してみると、要素⑧は差別助長効果について言及するもので、論証Cに結びつく。差別助長効果は明らかな弊害であり、それを引き起こす法律の存在を看過すべきではない、というのが、最高裁の判断の核だと理解すべきだろう。

以上の通り、要素①~⑦はいずれも論証A~Cに結びつかず、要素⑧だけが論証Cに結びつく。平成25年決定は要素①~⑧を総合考慮したように見えて、内実は、⑧差別助長効果が看過できないことに気づき、憲法14条1項違反の結論を出したものと理解するのが妥当だろう。

4　差別されない権利の可能性

ただ、従来の解釈によれば、平等権は、〈目的達成に役立たない不合理な区別〉を禁じるだけで、〈目的達成の観点からは合理的でも看過し難い差別助長効果のある立法〉を禁じるものではなかった。とすれば、平成25年決定は、「憲法14条1項から平等権とは異なる差別助長効果にさらされない権利も導かれる」という解釈に依拠していると理解せざるを得ない。

これを前提に、改めて憲法14条1項の文言を読むと、「すべて国民は、法の下に平等であつて、人種、信条、性別、社会的身分又は門地により、政治的、経済的又は社会的関係において、差別されない」と書いてある。「法の下に平等」とは別に「差別されない」との文言を採用しているのだ。だとすれば、憲法14条1項は、平等権とは別に、差別されない権利を保障した規定と解釈すべきではないか。平成25年決定の核となった「差別助長効果にさらされない権利」は、差別されない権利に含まれていると理解できるだろう。

以上の検討からすれば、平成25年決定は、平等権ではなく、差別されない権利の観点から旧民法900条4号但書の合憲性を判断して、結論を導いたと捉えるべきだ。

おわりに

平成25年決定は、ある国家の行為が差別を助長する効果を持ち、それが看過し難いときは、正しい目的達成に役立つ行為でも憲法14条1項違反と判断すべきとの解釈を採用している。

この解釈を前提とするなら、差別が問題となる事例では、平等権だけでなく、差別されない権利の観点からも検討しなければならないことになる。他の事例でも、裁判所は差別助長効果の検討を適切に行っているのだろうか。次章は、この点を検討してみたい。

第22章　秘密の差別の害悪

はじめに

自由や権利の剝奪を伴う差別は、加害性を説明しやすい。例えば、特定の宗教の信者にだけ年金を支払わない、女性の就業機会を閉ざす、といったことがあれば、「それは差別であり、許されない」と誰もが考えるだろう。それによって生じた損害額も算定しやすい。

しかし、差別は、必ずしも有形の損害を引き起こすとは限らない。「秘密の差別」もその一例だ。秘密の差別とは、例えば、とある大学で「X教徒の学生リスト」が作られ、教職員に「リストに掲載された学生が教室や施設を利用した場合、その学生に気づかれないように、備品の破壊や盗難がないかを必ず確認すること」という指令が出されるような事態を言う。このリスト自体は秘密だから、流出しない限り、学生自身がそれを認識することはない。また、秘密裏に備品を確認するだけだから、器物損壊や窃盗をせず品行方正に過ごしていれば、リストに掲載されていても自由や権利が直接制限されるわけではない。

しかし、この扱いはいかにも差別的だ。これが内部告発などで公になったなら、大学は「リストに掲載されただけでは、学生に実害はない」と言い張るだろうが、その言い分を認めていいのだろうか。本章では、この問題に関連する裁判例を検討してみたい。

1　ムスリム監視情報流出事件

２０１０年10月28日ごろ、インターネット上にファイル交換ソフト〝ウィニー〟を通じ、１１４点のデータが流出した。

その中には、２００７年9月10日付「実態把握強化推進上の要点」と記載された文書をはじめ、国際テロ対策に関するデータが多数含まれていた。国内のムスリム（イスラム教徒）の個人データが記載された履歴書様の書面には、国籍、出生地、氏名、性別、生年月日（年齢）、現住所、勤務先及び使用車両とともに、「入国在留関係」として、上陸年月日、旅券番号、旅券発行年月日、在留資格、本国住所、在留期間、登録年月日、登録市区町村及び登録番号が、「住所歴学歴職歴」として、我が国における住所歴及び通学・勤務先歴が、「身体特徴」として、身長、体格、髪、ひげ、眼鏡の有無等が、それぞれ記載されていた。さらに、「家族交友関係」として、訴外人１名以外の者につき、その家族の氏名、生年月日、勤務先及び住所が記載され、また、一部の者については、「免許関係」として、保有する免許の種別、取得年月日及び免許番号が、「犯罪情報」として、検挙年月日、罪名、検挙署及び処分結果が記載されている他、「容疑」「対応状況及び方針」「所属団体」「地位・役職・役割等」「モスクへの立ち入り状況」「立ち寄り徘徊先」「行動パターン概要」という項目についての記載欄も設けられ、このうち「容疑」と「対応状況及び方針」については全員につき記載がされ、一部の者についてはその余の項目の記載もされた上で、顔写真が添付されたデータなどが含まれていた。

警察庁及び警視庁は2010年12月、この流出事件に関する見解と調査の概要等をとりまとめ、これらのデータは警察職員が取り扱った情報である可能性が高いと認めている。ただし、その後の調査にもかかわらず、流出経緯の詳細は判明していない。

後述の判決の認定によれば、警視庁は、遅くとも2005年11月の時点で、国内のイスラム・コミュニティーがテロリストのインフラとして悪用される可能性があるとして、その実態把握を実施していた。国内のモスクは監視対象となり、2008年7月の北海道洞爺湖サミットに合わせ、警視庁は、モスクを監視するモスク班などを編成し、継続的に礼拝やモスクに出入りする者を監視していた。流出したデータベースは、こうして収集した情報を整理したものと見られる。

2　秘密の差別に害はない——裁判所の判断

（1）訴訟の概要

２００１年９月11日の米国同時多発テロ以降、日本の公安警察は、国内のムスリムの網羅的なデータベースを作り、そこに掲載されたムスリムと見られる者の行動や国内のモスクを監視し続けていた。このデータベースに掲載された者は、情報の流出によりプライバシー権を侵害され、また、警察にテロ予備軍と見られた情報が広まったことで、解雇されたり、営業取引に悪影響が出たりと深刻な実生活上の害を被った。

データベースに掲載されたムスリムたちは、データベース作成を主導した警察庁及び国家公安委員会（国）と警視庁（東京都）を相手取り、損害賠償請求訴訟を提起した。この訴訟では、①流出の違法性と②ムスリムの網羅的情報収集活動自体の違法性が争点となった。

東京地判平成26年1月15日判時２２１５号30頁は、①流出の違法性については警視庁の責任を認め、東京都に賠償を命じた。この判断は、控訴審の東京高判平成27年4月14日LEX/DB25506287でも維持され、確定している。警視庁のデータベースの管理は、杜撰極まるもので、この判断に異を唱える人は少ないだろう。

問題は、②情報収集活動自体の違法性だ。警視庁側は、9・11テロ以降の情勢の下では、ムスリムの監視自体はテロを防ぐために必要だったし、情報収集自体は何ら害を生じさせたわけではないと主張した。他方、原告らは、信教の自由（憲法20条1項）、プライバシー権（同13条）、差別されない権利（同14条1項）の侵害で、違憲だと主張した。

東京地裁判決は、②の争点では原告の主張を退け、東京高裁判決も東京地裁判決の判断をほぼそのまま認めており、最高裁は平成28年5月31日に、原告からの上告を棄却している。

（2）信教の自由とプライバシー権

一つずつ争点を見てみよう。まず、信教の自由（憲法20条1項）について、東京地裁判決は「国家によって信教の自由が侵害されたといい得るためには、国家による信教を理由とする法的又は事実上の不利益な取扱い又は強制・禁止・制限といった強制の要素が存在することが必要である」とする。その上で、次のように判断した。

【東京地裁判決の判断①：信教の自由について】

国又は公共団体が、個人に対して信仰の告白を強制したり、いずれの宗教団体に属するかなど、個人に信仰の証明を要求したりすることが禁じられることは格別、原告らのモスクへの出入状況を把握するために行われた情報収集活動は、捜査員が自らモスクへ赴いて、原告らのモスクへの出入状況という外部から認識することができる外形的行為を記録したにとどまるのであって、このような本件情報収集活動の態様に照らすと、それ自体が宗教に対する強制等の効果を有するものでないことは上記説示のとおりであるから、このような活動までもが信教の自由との関係で禁じられるものということはできない。

つまり、警視庁が宗教活動を強制的に止めさせたとか、強制的に信仰を告白させたという事情がないので、自由の侵害はないという認定だ。

次に、プライバシー権については、次のように述べる。

【東京地裁判決の判断②：プライバシー権について】

本件モスク把握活動は、捜査員が自らモスクへ赴いて、原告らのモスクへの出入状況や宗教的儀式、教育活動への参加状況という外部から容易に認識することができる外形的行為を観察したというものであって、その意味では、これによって把握される原告らの行為が、第三者に認識されることが全く予定されていないものであるというわけではないし、本件情報収集活動全体でみても、これらは原告らに対して信仰の証明を要求したりするものでも、不利益な取扱いを強いたり、宗教的に何らかの強制・禁止・制限を加えたりするものでもなく、モスクの付近ないしその内部に警察官が立ち入ることに伴い、原告らが嫌悪感を抱き得るにとどまる。

プライバシー権についても、大した害はないという認定だ。

(3) 差別されない権利

では、こうした差別的な監視を行うこと自体が権利侵害だという点はどうか。この点は、憲法14条1項が保障する差別されない権利との関係で議論になった。

【東京地裁判決の判断③：差別されない権利について】

本件情報収集活動によって収集された情報が、外部に開示されることの全く予定されていないものであることはその体裁等からして明らかであって、本件情報収集活動それ自体が、国家が差別的メッセージを発するものであるということはできない。

この点、原告らは、たとえ、警察が収集・保管している情報であるとしても、情報の流出の危険が常に存在し、いったん情報が流出すれば、警察がムスリムを差別的に取扱っているという一般市民に対する強いメッセージとなる旨主張するが、この点は、結局のところ、本件流出事件を発生させたこと自体についての違法性の問題に帰するのであって、本件情報収集活動自体の違憲性・違法性の根拠とはなるものではない。

この点は、控訴審判決でもさらに議論された。原告らは、控訴審において、本件の情報収集は、一般市民のみならず、警察内部でのムスリムへの差別感情を醸成するものだと主張した。しかし、東京高裁は次のように述べる。

【東京高裁判決の判断：差別されない権利について】

また、本件情報収集プログラムの策定及び執行（本件情報収集活動）により、警察内部でムスリムに対する差別及び偏見が醸成されるなどし、結果として社会に差別的メッセージが発せられるという1審原告らの主張は、これを認めるに足りる的確な証拠がなく、採用できない。

このように、東京高裁は、「警察内部での差別助長」には触れず、「社会への差別的メッセージ」だけを問題として、原告の主張を退けた。こうした東京高裁の判断は、最高裁でも維持され確定した。

3　秘密の差別の害悪――アメリカ法の示唆

（1）秘密の差別の問題

このような裁判所の判断をどう理解すべきか。裁判所の議論は、〈警察内部で秘密に行う情報収集やデータベース化自体は、原告の生活や行為に何ら影響をもたらすものではなく、自由や権利を何ら害するものではない〉という論理で一貫している。しかし、本当にそうだろうか。

第一に、控訴審判決は議論を避けているが、警察内部での差別助長の問題は重大だ。そもそも、警察が市民の全活動を監視することは原則として適法とは言えない。監視が正当化されるのは、その対象が他の集団に比して監視が必要なほど犯罪可能性が高いとの評価が前提となろう。過去にテロを起こした極左・極右の過激派団体、暴力団の構成員などは、それに該当すると言えよう。警察内部で、〈この集団を監視してデータベースを作る〉という方針を示せば、警察官たちは、この集団に属する人たちはテロ団体や暴力団などと同等の危険な存在だと認識するはずだ。

しかし、〈過激派との接触歴のあるモスクの幹部〉などならともかく、〈国内のムスリム一般〉をそう評価するのは、さすがに無理があるだろう。とすれば、警察の情報収集は、警察内部での差別を助長している。これは、原告のムスリムたちの権利侵害ではないのか。

第二に、警察などの公的組織が尊厳を否定する扱いをすること自体が権利侵害ではないか、という点を検討する必要がある。

公的組織の活動は、主権者たる市民に公開されるのが原則だ。ただ、警察の監視や捜査に限らず、市民に非公開・秘密にしなければならない活動もある。市民が、それでも公的組織に権限を委ねるのは、個人の尊厳を否定したりはしないはずだという信頼を置くからだ。例えば、留年者の名簿を「落伍者一覧」と名付けて利用する国立大学や、生活保護の業務を「ごくつぶし対応」と呼ぶ市役所があったならば、こうした信頼を裏切っている。その信頼を裏切ったこと自体を、重大な権利侵害だと認定すべきではないか。警察が、差別感情を基に一定の集団を監視するのも、こうした尊厳への配慮の信頼に反する。

〈秘密で監視しただけなら、原告たちへの影響はなく権利侵害はない〉という裁判所の判断には重大な問題がある。

(2) ニューヨーク市警と連邦裁判所の対応

この点について、重要な参照例がある。

2002年以降、ニューヨーク市警も、ニューヨーク州・ニュージャージー州に住むムスリムを包括的に対象とする監視プログラムを実施していた。2011年8月、AP通信の調査報道でこのことが明らかになり、強い批判を呼んだ。監視の対象となった複数のムスリムは、ニューヨーク市警に対し損害賠償請求訴訟を起こし、その中で、監視プログラムは連邦憲法第14修正の平等保護条項に違反していると主張した。

複数の訴訟のうち、まず、２０１４年2月20日、第1審のニュージャージー地区連邦地方裁判所判決（Hassan v. City of New York, WL 654604, at *1 (D.N.J. Feb. 20, 2014)）は、日本の裁判所と同様に、警察内部での情報収集だけなら「実害（injury-in-fact)」は生じないと認定し、また、市警の差別的意図も認定できないという理由で訴訟を却下した。

しかし、２０１５年10月13日、控訴を受けた連邦控訴審第三巡回区（Hassan v. City of New York, No.14-1688 (3d Cir. Oct. 13, 2015)）は、原告適格（standing）を論じる中で次のように述べた。

【ハッサン事件控訴審判決の論証】

大学への入学や社会保障のような、有形利益と関係がある場合に限り不平等な取扱いは有害だ、というニューヨーク市の議論は、連邦憲法第3編〔司法権の対象の規定・木村補足〕の侵害の要求〔訴訟の提起には権利・利益の侵害が要求されるという理論・木村補足〕を過度に狭めすぎている。最高裁が指摘したように、「古めかしく、紋切り型の概念」を永続させ、「生来の劣位者」、つまり政治共同体においてより価値の低い参加者として不利に扱われる集団の構成員にスティグマづけをすることにより、差別それ自体で、不利益に扱われる集団の構成員であるがゆえに、個人的にも平等な取扱いを否定され、深刻な非経済的損害を引き起こし

得る。（同判決Ⅲ節A項）

連邦控訴審はこう述べて、人種分離に関する最高裁判決を引用する。その上で、宗教に基づく区別は、厳格な審査基準をパスしない限り平等保護条項に違反することを前提に審査をやり直すべきだとして、第1審に事件を差し戻した。

その後、ニューヨーク市は同じ問題を扱った別の訴訟について当事者と和解し、2016年1月7日、裁判所は和解内容を公表した。それによれば、ニューヨーク市警は、①今後、捜査対象の決定にあたり宗教を要素とすることを禁止し、②監視の理論的支柱となった〈平穏なムスリムも半ば必然的に過激派に流されテロをする〉と結論づけたレポートを撤回し、③市警の中に民間弁護士による監督システムを設けることを約束した（ハッサン事件の紹介も含め、井桁大介「『テロとアメリカ』最前線」『世界』2016年6月号参照）。

連邦控訴審が指摘するように、警察内部にとどまるとしても、差別的価値観に基づく区別それ自体が重大な権利侵害であると認識すべきだろう。また、当事者が認識しなければ差別でショックを受けることもないとも言われるが、問題は、当事者がショックを受けたかどうかではない。公務の公平性、個人の尊厳に基づいた取扱いそのものの価値に対する理解が必要だ。こうした訴訟は、監視対象となった人々の主観的な利益ではなく、公平な公務という客観的な利益のために、市民を代表して行われている面もあり、訴訟法の理論を発展させる必要もあるだろう。

おわりに

日米ともに、ムスリムを包括的に監視していた点では変わりはない。しかし、アメリカでは、司法と憲法が、差別それ自体の害悪を認定し、是正の道に向かわせた。アメリカには、司法の場で差別の問題が扱われてきた歴史があり、判例や理論の蓄積が力を発揮している。これに対し、日本法では、公的組織が差別的評価に基づき活動すること自体が権利侵害であるという理論が未発達だ。差別されない権利の理論をさらに発展させる必要がある。

第23章　分けるには理由がいる
——日本式分離すれど平等

はじめに

同じ効果やサービスを提供する制度でも、分ける理由がないのにあえて分ければ、「分離すれど平等」という悪名高い差別の一形態だ。アメリカ南部では鉄道の車両や学校が人種別にされていた時代もあり、20世紀半ばに差別の一形態として違憲判決を受けた。

日本にも、分離すれど平等の例がないではない。私が小学生だった30年ほど前、学級名簿は男子と女子で分離されるのが一般的で、男子から順に出席番号がつけられていた。女子が先という例は見たことがない。しかし、近年、男女別名簿は減りつつある。名簿や出席番号をどうつけても、教育内容や試験の採点基準に違いがないなら、別に構わないと思う人もいるかもしれない。しかし、分けることに合理的な理由がないのにあえて分けるのは、それ自体が問題だろう。「男子が先」が当たり前になっているのも懸念事項だ。

実は、現在、同性婚訴訟の法廷では、この分離すれど平等の是非が問題となっている。その議論を見てみよう。

1 「結婚の自由をすべての人に」訴訟の展開

(1) 訴訟の始まり

2019年、札幌・東京・名古屋・大阪・福岡の五つの地裁に同性婚訴訟が提起された。原告となったのは、婚姻を合意し婚姻届を出したものの、不受理となった同性カップルたちだ。原告らは、「法律上同性の者との婚姻を認める立法を怠った被告の立法不作為」は違憲だと主張し、国家賠償を請求している。

国会が憲法上の権利を実現するための立法を怠った場合には、国家賠償請求ができるとされており、過去にも賠償請求を認めた例がある。原告たちは、同性カップルの婚姻を認めない民法・戸籍法の婚姻関係規定は違憲であり、それにもかかわらず、その改正を怠っていると主張している。

この訴訟で原告らが求めるのは、異性カップルに従来から認められてきた婚姻制度に包摂される婚姻であって、それとは区別された「同性婚」という特別の制度ではない。このため、原告や弁護団は、「結婚の自由をすべての人に」と呼びかけている。

2021年3月17日、積極的に訴訟指揮を進めた札幌地裁が違憲判決（札幌地判令和3年3月17日判時2487号3頁。以下、札幌判決）を出した。これに続いて、2022年6月20日の大阪地裁は合憲判決（大阪地判令和4年6月20日裁判所ウェブサイト。以下、大阪判決）、同年11月30日の東京地裁は違憲判決（以下、東京判決）を出した。

(2) 当初注目された論点

この訴訟が提起された当初、メディアでは〈憲法24条1項は同性婚を禁止しているか〉という論点に注目が集まった。同項は「婚姻は、両性の合意のみに基いて成立」すると定めるが、この「両性の合意」という文言から、同性婚禁止が導かれると誤解する人は一定数いる。

しかし、これまで指摘してきたように、憲法24条1項は、婚姻に戸主や父母の同意が必要だった家制度を廃止し、両当事者の合意があればそれだけで婚姻できることを定めた規定だ。また、女性の意思がないがしろにされがちだった明治憲法・明治民法下の婚姻の実態を踏まえ、男女の不平等が生じ得る異性婚において、女性の意思を尊重するための規定として制定された。この規定を、同性婚立法を禁じた規定と読むことはできず、あえてそう読むのは、〈同性カップルの婚姻を否定したい〉あるいは〈改憲運動の道具にしても構わない〉という差別感情に基づく態度だ。

（3）三つの判決の論証

ここまでに出た三つの判決も、憲法24条1項同性婚禁止説を否定している。その内容を確認しておこう。

【札幌判決の憲法24条1項理解】

同条の制定経緯〔制定当時、同性愛は精神疾患と考えられていたこと〕に加え、同条が「両性」、「夫婦」という異性同士である男女を想起させる文言を用いていることにも照らせば、同条は、異性婚について定めたものであり、同性婚について定めるものではないと解するのが相当である。そうすると、同条1項の「婚姻」とは異性婚のことをいい、婚姻をするについての自由も、異性婚について及ぶものと解するのが相当であるから、本件規定が同性婚を認めていないことが、同項及び同条2項に違反すると解することはできない。（〔　〕内は木村による補足。以下同）

札幌判決はこのように、憲法24条1項に言う「婚姻」とは異性婚のことを指し、同性婚とは関係ない規定だとした。

次に、大阪判決は、「憲法24条1項が同性間の婚姻について規定していない以上、同条により社会制度として設けることが求められている婚姻は異性間のもののみであるといえ、同項から導かれる婚姻をするについての自由も、異性間についてのみ及ぶものと解される」として、札幌判決同様の立場を表明しつつ、次のように述べた。

【大阪判決の憲法24条1項理解】

婚姻の本質は、永続的な精神的及び肉体的結合を目的として公的承認を得て共同生活を営むことにあり、誰と婚姻をするかの選択は正に個人の自己実現そのものであることからすると、同性愛と異性愛が単なる性的指向の違いに過ぎないことが医学的にも明らかになっている現在〔略〕、同性愛者にも異性愛者と同様の婚姻又はこれに準ずる制度を認めることは、憲法の普遍的価値である個人の尊厳や多様な人々の共生の理念に沿うものでこそあれ、これに抵触するものでないということができる。しかも、近年の各種調査結果からは、我が国でも、同性愛に対する理解が進み、同性カップルに何らかの法的保護を与えるべきとの見解を有する国民が相当程度の数まで増加していることがうかがわれる〔略〕。

以上によれば、憲法24条1項が異性間の婚姻のみを定めているからといって、同性間の婚姻またはこれに準ずる制度を構築することを禁止する趣旨であるとまで解するべきではない。

さらに、東京判決も、「憲法24条の『婚姻』に同性間の婚姻を含むものと解することはできない」としつつ、次のように述べる。

【東京判決の憲法24条1項理解】
同性愛を異常なもの、病的なものとするかつての認識の誤りは多くの国において改善されつつあり、同性愛に対する差別、偏見を克服しようとする動きがあることが認められる。このとおり、同性愛者等を取り巻く社会状況に大きな変化があることを踏まえれば、今日においては憲法24条の「婚姻」に同性間の婚姻を含むものと解釈すべきとの原告らの主張を直ちに否定することはできない。

判決は、憲法24条1項の「婚姻」に同性婚を含め、同性カップルも合意があれば法律婚ができる権利を保障しているという解釈が成立する余地を認めた。

このように、三つの地裁判決は全て、憲法24条1項が同性婚を禁止しているとの解釈を否定した。もっと言えば、被告・国ですら禁止説は主張していない。憲法24条1項は同性婚を禁じているとの学説はほぼ存在しなかったが、法廷でもこの論点は決着がついたと言ってよいだろう。

(4) 3判決の共通点

3判決の結論は違憲・合憲に分かれているが、いずれも同性カップルの婚姻制度の不在に問題があることは認める。

札幌判決は「婚姻によって生じる法的効果を享受することは法的利益であって、同性愛者であっても異性愛者であっても、等しく享受し得る利益と解すべき」として憲法14条1項違反を認定し、東京判決も「現行法上、同性愛者についてパートナーと家族になるための法制度が存在しないことは、同性愛者の人格的生存に対する重大な脅威、障害であり、個人の尊厳に照らして合理的な理由があるとはいえず、憲法24条2項に違反する状態にある」とする。

大阪判決も、合憲の結論をとるものの、「個人の尊厳の観点からは同性カップルに対しても公認に係る利益を実現する必要があ」り、「公認に係る利益のような個人の尊厳に関わる重要な利益を同性カップルは享受し得ないという問題はなお存在する」として、現行法が同性カップルの尊厳を傷つけていることを認める。

では、何が論点なのか。今、最も激しく争われているのは、同性婚を異性婚と別制度にしてよいか、という点だ。

2　分離すれど平等の是非

（1）婚姻と別制度の可否

「結婚の自由をすべての人に」という呼びかけについて強調したように、原告は、〈民法・戸籍法の定める婚姻〉への同性婚の包摂を求めており、それを認めない〈現在の民法・戸籍法〉は違憲だと主張している。

札幌判決はこの主張を認め、民法・戸籍法の婚姻関係規定が「異性愛者のカップルは、婚姻することにより婚姻によって生じる法的効果を享受するか、婚姻せずそのような法的効果を受けないかを選択することができるが、同性愛者のカップルは、婚姻を欲したとしても婚姻することができず、婚姻によって生じる法的効果を享受することはできない」という区別をしており、この「区別取扱いは、その限度で合理的根拠を欠く差別取扱いに当たる」とした。

（2）東京判決の理論的問題

これに対し、東京判決は現行法が違憲状態だと認めつつ、次のように述べた。

【東京判決の別制度判断】

同性間において、パートナーと家族になるための法制度をどのように構築するかという点については、原告らが主張するように現行の婚姻制度に同性間の婚姻も含める方法のほか、諸外国で導入されている制度〔略〕のように、現行の婚姻制度とは別に同性間でも利用可能な婚姻に類する制度を構築し、そのパートナーには婚姻における配偶者と同様の法的保護を与えることも考えられる。

また、〔略〕同性間の婚姻を認める外国の立法例においても、異性間の「婚姻」と同性間の「婚姻」の法的効果に相違がある場合（又は、導入当初は相違があった場合）があり、その主なものとして嫡出推定規定の適用の有無、養子縁組の可否、生殖補助医療利用の可否等が挙げられることが認められる。我が国においても、同性間の人的結合関係についてパートナーと家族になるための法制度を導入する場合に上記のような点についていかなる制度とすべきかについては、国の伝統や国民感情を含めた社会状況における種々の要因を踏まえつつ、また、子の福祉等にも配慮した上で、立法府において十分に議論、検討がされるべきであるということができる。

〔略〕〔同性愛者についてパートナーと家族になるための〕法制度を構築する方法については多様なものが想定され、それは立法裁量に委ねられており、必ずしも本件諸規定〔婚姻に関する現行の民法・戸籍法の諸規定〕が定める現行の婚姻制度に同性間の婚姻を含める方法に限られない（現行の婚姻制度とは一部異なる制度を同性間の人的結合関係へ適用する制度とする方法や、同性間でも利用可能な婚姻に類する制度を別途構築する方法を採ること等も可能である。）ことからすれば、同性間の婚姻を認めていない本件諸規定が憲法24条2項に違反すると断ずることはできない。

この東京判決の論証は、以下の命題に整理できる。

①違憲状態が生じ、条文Aを改正しないとその違憲状態を解消できない場合に、条文Aは違憲だと評価される。

②a 婚姻制度とは別の制度Xを創設することによっても、本件憲法24条2項違反状態は解消できる。

b 違憲状態を解消する別制度Xは、現在の民法・戸籍法の婚姻関係規定を全く改正しなくても創設できる。

③②より、現在の民法・戸籍法は①の条件を充たさず、違憲ではない。

命題①は憲法解釈の公理だ。また、命題③は命題①②の必然的帰結だ。とすれば、検証が必要なのは命題②のみだ。

まず、命題②aについて。東京判決は、「家族」に関する法律は「個人の尊厳」に立脚しなければならないと定めた憲法24条2項を根拠に、「同性間において、パートナーと家族になるための法制度」が必要だとした。

ところで、判決は、憲法24条1項の「婚姻」という文言の意味を制定時の理解に照らし解釈すべきだと強調する。だとすれば、同2項の「家族」の文言も同様の解釈手法がとられるべきだろう。憲法制定時から現在まで、日本法では、法的な「家族」関係は、親子関係と婚姻関係の二つから成ると理解されてきた。この訴訟で問題とされた「家族」関係が親子関係でないのは明らかだから、判決の言う「パートナーと家族になる」こととは、婚姻関係を意味するとしか考えられない。しかし、判決は、それを成立させる制度は「婚姻制度とは別」でもいいとした。

以上の判決の指摘をそのまま受け取ると、〈婚姻制度によらない婚姻関係〉を主張することとなってしまう。これでは、〈大学に属さない大学生〉のような矛盾した概念だ。憲法24条2項に依拠するなら、同性愛者にも婚姻制度が必要だという結論にならざるを得ず、命題②aは成り立たない。婚姻制度に同性婚を含めないと違憲状態は解消しないと解すべきだろう。

また、百歩譲って命題②aを不問としても、命題②bは明白に誤りだ。

判決は、同性愛者が「パートナーと家族になる」制度を作らない限り違憲状態は解消しないとしている。では、その制度に基づいて同性パートナーと家族を形成した人は、同時に、現在の婚姻に基づいて異性パートナーと家族を形成できるのか。できるはずがない。

家族になったパートナーが重複して別の者と婚姻できてしまう制度では、家族関係の保護として不十分であり、同性愛者の「人格的生存」を実現し、違憲状態を解消できるとは言い難い。判決の言う別制度Xを創設するには、重婚関係規定を変更するなど〈現在の民法・戸籍法〉を改正し、婚姻と〈別制度Xでの同性婚〉の重複を禁止する必要がある。

仮に、さらに何万歩も譲って婚姻の重複を認める立法を認めたとしても、同性婚配偶者と婚姻配偶者との間の扶養や相続の調整規定は設けざるを得ない。もし、それすら不要というのであれば、その別制度Xとは、もはや家族保護の機能を何ら果たさないだろう。

とすれば、命題②bも誤りで、東京判決の命題③は成り立ち得ない。

この点、判決は、外国でも同性カップルの保護のために、婚姻とは別制度が設けられてきたと指摘する。しかし、海外の別制度は、効果を財産関係などに限定した〈家族関係を形成しない〉制度か、婚姻との重複調整を含む〈婚姻効果に影響を与える〉制度だ。これに対し、東京判決の言う「婚姻制度とは別」制度は、「パートナーと家族になる」制度でありながら、婚姻制度の効果に全く影響を及ぼさず、それゆえ、〈現在の民法・戸籍法〉を何ら改正しなくても創設できる〈婚姻効果に影響しない〉制度だ。諸外国の別制度は、何ら参考にならない。

このように、東京判決は、理論的に検討すれば、たちどころに馬脚を現すものになっている。

（3）分離すれど平等

ここまで見てきたのは単純な理論的問題だが、東京判決には、それ以上に深刻な問題がある。それは、「婚姻と同じ効果を与えるために、わざわざ別制度を設ける合理的な理由はあるのか」だ。判決は二つの理由を挙げる。

第一に、東京判決は「国の伝統や国民感情を含めた社会状況」への配慮を挙げる。しかし、制度を同じにすると嫌がる国民の伝統・感情とは、同性婚を異性婚より価値の低いものと位置づける差別感情を指す。それへの迎合は正当な理由になり得ない。

第二に、東京判決は、「嫡出推定規定の適用の有無、養子縁組の可否、生殖補助医療利用の可否等」は立法者が選択してもよいはずだと言う。

確かに、生殖関係がない婚姻関係に、嫡出推定（配偶者が産んだ子との親子関係を推定により自動的に成立させる制度）を認めるべきかどうかは立法裁量かもしれない。しかし、それは、婚姻の成立を認めるかとは別問題だ。

なお念のため、現行法では、嫡出推定は生殖関係のない夫婦にも適用される。それにもかかわらず、同性カップルには適用しないとすることに、合理的理由はないだろう。また、養子縁組や生殖補助医療についても、それらが無制限に認められるべきものとは思われないが、かといって、異性カップルか同性カップルかで区別をする理由は、差別意識以外にないだろう。

このように、東京判決が挙げる理由は、いずれも制度を分ける理由にはならない。理由もないのに婚姻制度を分けるなら、分離すれど平等の一種であり、差別感情を満足させるための区別だと認定せざるを得ない。

この点、東京判決は、別制度だと「差別や偏見を助長する」という指摘について、立法者が考慮し得る一要素にすぎないと言う。つまり、立法者が差別・偏見の助長を容認した場合には、別制度が許される、との立場をとっているわけだ。これは、あからさまな差別感情に基づく立法を承認するとの立場の表明であり、あまりにも、人権に対する理解を欠いている。

東京判決を書いた裁判官たちは、「違憲状態を認めたのだから、自分たちは同性愛差別問題に理解がある」と考えているのだろう。しかし、やっていることは、分離すれど平等を正面から承認するという、かなりストレートな差別感情の発露だ。

おわりに

これまでも、婚姻法制については、違憲判決が出されてきた。例えば、最大決平成25年9月4日民集67巻6号1320頁は非嫡出子の法定相続分差別を違憲無効とし、最大判平成27年12月16日民集69巻8号2427頁は女子の再婚禁止期間規定を違憲と評価した。これらの判決において、裁判所は、〈嫡出子の相続とは別の非嫡出子用財産継承制度の可否〉や〈再婚禁止期間中に婚姻の効果を認める別制度の可否〉を論じたりはしなかった。別制度を設ける理由がなく、それにもかかわらず区別すれば、差別と批判されるのが明白だからだろう。

しかし、同性婚と異性婚については、裁判所はわざわざ「別制度でもよい」と指摘したがる。これは、裁判官が、自らの差別感情に気づけていないということの表れだ。控訴審や他の地裁では、裁判官たちが、この点を自覚できるかどうかが重要な分岐点となるだろう。

第24章　理由の説明からの逃避
――なぜ平等の議論をしないのか

はじめに

「理由が説明できれば合格」という基準は、さほど厳しい基準ではない。ランチに焼き鮭定食を選んだ人が、「なぜ、ハンバーグじゃなくて鮭にしたの？」と聞かれたなら、「その日の気分」とか「このお店のハンバーグのソースは苦手だから」と理由を説明できるだろう。

憲法14条が保障する平等原則は、理由が説明できない区別を違憲とするものだと理解されてきた。この原則はあらゆる区別に適用されるため、「適用範囲が広すぎるのでは？」と懸念を持つ人もいるかもしれない。しかし、公権力が区別の理由を説明するのは容易だから、よほどのことがない限り平等権侵害は認定されない。広さと強さのバランスはとれている、と考えられてきた。

しかし、近年、平等原則違反の主張に対し、区別の理由を説明せずに、その射程から逃れようとする議論が目につくようになった。これは差別解消のために好ましくない。現状を見てみよう。

1　区別自体の否定——第一次夫婦別姓訴訟

平等権は、公権力が設けた区別に合理的根拠がない場合に、その是正を要求できる権利だ。黒人や女性の公務就任権を否定するなど、差別感情に基づく区別は、合理的理由の説明が困難だ。このため、平等権は差別是正に重要な役割を果たしてきた。

平等権侵害が主張されたとき、公権力の側としてなし得る反論は、「区別をしていない」と「区別をしているが、合理的理由がある」の二つだ。区別の存在自体を否定する第一の反論は、従来はあまり見られなかったが、近年になって比重が増している。その出発点になったと思われるのが、第一次夫婦別姓訴訟だ。

この訴訟では、「夫婦は、婚姻の際に定めるところに従い、夫又は妻の氏を称する」と定める民法750条の規定の合憲性が問題となった。日本ではこの規定の下で、婚姻する夫婦の96％が夫の氏を選択している。原告は、男女の氏変更率が不平等であり、憲法14条1項に違反すると主張した。しかし、最大判平成27年12月16日民集69巻8号2586頁は、民法の規定自体に「男女間の形式的な不平等が存在するわけではない」として、この主張を認めなかった。そもそも、民法は男女を区別していない、というわけだ。

裁判所のこの判断自体は、やむを得ない面がある。現民法750条は、起草段階では「夫婦ハ共ニ夫ノ氏ヲ称ス、但シ当事者カ婚姻ト同時ニ反対ノ意思ヲ表示シタルトキハ妻ノ氏ヲ称ス」と規定されており、夫の氏を原則としていた。当時は、ドイツやフランスでも夫婦は夫の氏を称することを原則としており、これは特異な発想の規定ではなかった。しかし、このままでは男女平等の理念に反するとして、民法制定の最終段階で現在の形になった。民法の条文自体は男女平等の理念に立脚しており、ここに男女の区別はない。

ところが、その後、〈区別の有無〉について、奇妙な主張や判断が行われるようになる。

2 別姓希望カップルと婚姻効果——第二次夫婦別姓訴訟

第一次訴訟の敗訴を受け、第二次訴訟の原告は、同姓を受け入れたカップルは婚姻ができる一方、別姓を望むカップルは婚姻ができない区別の不合理性を主張した。

実は、民法750条それ自体は、同姓を選択しないカップルの婚姻を必ずしも禁止しているわけではない、との見解もある。しかし、民法739条が、「婚姻は、戸籍法（昭和22年法律第224号）の定めるところにより届け出ることによって、その効力を生ずる」とし、戸籍法74条1号が、婚姻届には「夫婦が称する氏」を記載する必要があると定める。この二つの条文により、同姓を選択しないと婚姻はできない。

民法と戸籍法の文言からは、同姓希望カップルと別姓希望カップルとの間に、婚姻できるかどうかの区別があること自体は否定し難い。しかし、東京高決令和元年11月25日は、民法750条・戸籍法74条1号は「夫婦となろうとする者の全てに対し一律の取扱いを定めているものであり、そのような者において有する信念や主義等のいかんによって取扱いに差異を設けているわけではない」として、そもそも区別がないと判断した。

この判断は、一読しただけでは、何を言っているか分からない。確かに、民法・戸籍法は、同姓になりたい旨を記載した婚姻届を出した者は、全て同姓の夫婦にしており「一律の取扱い」をしている。しかし、別姓で夫婦になりたい旨の婚姻届は受理せず、婚姻の成立も認めないのだから、明らかに区別を行っている。原告らはこれを不満とし、最高裁に上告したが、最大決令和3年6月23日集民266号1頁は、原告らの上告は「前提を欠く」とほぼ説明なしに、上告棄却の判断をした。

このように、裁判所は、同姓希望／別姓希望の区別が、そもそも存在しないとしている。このため、この区別の理由は説明されない。

この点について、専門家の中には、夫婦同姓制度の意義は、第一次訴訟の判決でも説明されてきたから、別姓希望かどうかの区別の理由を追及しても、新しい論点は出てこず、あまり意味はないのではないか、という指摘もある。

しかし、第一次訴訟において区別の理由が示されたとは、到底評価できない。確かに、第一次訴訟の判決は、夫婦が同姓になると、夫婦の一体感が高まるし、子も同じ氏になることにより家族全体の一体感が高まるから、同姓制度に合理性があると論じている。しかし、これは同姓希望カップルが同姓になる制度を用意する理由にはなっても、別姓希望カップルに事実婚の選択肢しか与えない理由にはならない。別姓希望カップルは、現行制度の下で、別姓のままに共同生活を送り、その子の氏は父母いずれかと異なる。むしろ、別姓希望カップルに法律婚の選択肢を認めない現行制度は、相続や戸籍での公証などの点で別姓夫婦の法的保護を弱め、別姓夫婦の一体感を下げる制度だ。

こうして見ると、〈別姓希望カップルを婚姻させない理由〉について説明するのは、非常に困難であることに気づくだろう。裁判所はこの難事を認識した上で、もっと言えば、認識しているからこそ、なんとかそれから逃れようと悪あがきをしているとしか考えられない。

3 異性と婚姻できるから平等？——同性婚訴訟

実は、同じような現象は、同性婚訴訟でも見られる。

同性婚訴訟で、原告は、異性婚を認める一方で、同性婚を認めない現在の規定は、性的指向が異性に向くか同性に向くかという標識に基づく区別だと主張した。これに対し、国側は次のように主張している。

【同性婚東京訴訟・国側の主張】

本件規定〔婚姻に関する民法・戸籍法の諸規定・木村補足〕は、制度を利用することができるか否かの基準を、具体的・個別的な婚姻当事者の性的指向の点に設けたものではない。（東京地裁平成31年（ワ）第３４６５号、被告第３準備書面・18頁）

本件規定は、制度を利用することができるか否かの基準を、具体的・個別的な婚姻当事者の性的指向の点に設けたものではなく、本件規定の文言上、同性愛者であることに基づく法的な差別的取扱いを定めているものではないから、この点に法令上の区別は存在しない。（東京地裁平成31年（ワ）第３４６５号、被告第４準備書面・17頁）

異性愛者であっても同性愛者であっても、異性と婚姻できる点で法律は区別を設けていない、ということのようだ。ごく形式的にこの問題を捉えれば、この主張は成り立っていなくもない。しかし、婚姻合意の相手が異性か否かによって区別していること自体は否定しようがない。そして、その区別は、現に、性的指向が同性に向く者を婚姻させていないのだから、被告の主張が失当なのは明らかだろう。

このため、国側のこの反論は、物笑いの種にされてきた。令和４年11月30日の東京地裁判決も次のように述べ、国側をたしなめている。

【同性婚東京訴訟・東京地裁の判断】

被告は、本件諸規定は飽くまでも一人の男性と一人の女性の間の婚姻を定めるものにすぎず、本件諸規定の文言上も特定の性的指向を婚姻の成立要件等とするものではないから、性的指向による形式的不平等が存在するものではないと主張する。

しかしながら、婚姻の本質は、当事者が永続的な精神的及び肉体的結合を目的として真摯な意思をもって共同生活を営むことにあるところ、同性愛者にとっては、異性との婚姻はこのような婚姻の本質を伴ったものにはならないのであるから、形式的には異性との婚姻制度を利用することができたとしても、実質的には婚姻ができないことに等しい。そうすると、本件諸規定は、それ自体には性的指向についての要件等を設けておらず、性的指向について中立的な制度にはなっているものの、同性愛者が婚姻することを実質的には不可能としているものであり、このような効果は本件諸規定が婚姻を異性間のものに限っていることによって生じた結果であるといえるから、性的指向による区別取扱いに当たるものと認められる。この点の被告の主張は理由がない。

もっとも、裁判所が、原告の主張する区別の不合理性の主張と向き合っているかというと、そうではない。

同性婚訴訟では、婚姻が生殖関係保護のための制度なのか、親密関係保護のための制度なのかが問題となってきた。前者の理解に立てば、生殖関係が成立しない同性カップルに婚姻を認める必要はないとしているように見える。ところが、この立論は、即座に、〈なぜ、生殖関係のない異性カップルは婚姻できるのか〉、という反論を誘発する。

実は、同性婚東京訴訟の最終準備書面で、原告は、異性愛者（異性カップル）と同性愛者（同性カップル）の区別以外に、次のような区別があると主張していた。

【同性婚東京訴訟・最終準備書面】

それでも被告が婚姻制度の目的が自然生殖関係保護にあるとの主張を維持するなら、「生殖の意思・能力がない異性カップル」と「同性カップル」との間の別異取扱いの合理性を論理的に説明する必要があるが、被告はその論証に成功していない。

（東京地裁平成31年（ワ）第３４６５号、原告ら最終準備書面・85頁）

この区別を合理的だと説明するには、生殖の意思・能力がない異性カップルの婚姻を認める理由と、それが同性カップルには当てはまらない理由を示さなくてはならない。しかし、これも難事だ。婚姻の目的が生殖関係の保護なら、本来は、生殖関係のない異性カップルの婚姻を認めてはならない。しかし、生殖能力を持たない者の婚姻を否定したり、あるいは、一定期間経過しても子が生まれない場合には強制的に離婚させたりする制度は、合憲と言えるだろうか。そんな制度があったなら、生殖関係なき異性カップルの尊厳を傷つけすぎていると考える人が多いだろう。生殖関係ある異性カップルと生殖関係なき異性カップルを婚姻において区別すれば、違憲の誹りは免れない。

では、生殖関係なき異性カップルに婚姻を認めるべき理由、つまり、その尊厳を守るべきという理由は、同性カップルには当てはまらないと言えるか。そう主張するためには、異性カップルの尊厳の方が、同性カップルの尊厳よりも価値が高いと明言しなければならない。しかし、そう明言すれば、明らかに差別的評価の表明と非難される。

もちろん、たとえ生殖関係がなくとも、異性カップルについては婚姻を〈自然なものと考える社会意識がある〉などと論じることはできるかもしれない。しかしそれは、〈みんなが差別しているから、それに迎合しよう〉という主張をオブラートに包んだだけで、差別であることに変わりはない。

このように、最終準備書面の主張に応えようとすれば、差別を正面から肯定するか、違憲を認めるかしか選択肢がない。そこで、東京地裁判決は、原告のこの区別に関する主張について何も語らずに、結論を出した(同性婚東京訴訟の資料・判決はhttps://www.call4.jp/info.php?type=items&id=I0000031#case_tabにて参照できる)。

4　国民と在任期間が長い首相の区別——国葬

国と裁判所が、区別自体を見なかったことにして、理由の説明から逃避するのは、婚姻をめぐる議論だけではない。

2022年9月27日、安倍晋三元首相の「国葬」が行われた。通常の葬儀は、喪主や参列者が費用や事務を負担して行われるのが一般的だ。他方、国葬の場合は、費用・事務を全て国が負担する。さらに、今回はこの点をはっきり政府は説明しなかったが、「国葬」という名称は、故人が国に対し特別の功績があったことを公認する勲章のような意味を持つ。

そうだとすると、「なぜ、安倍氏には国葬を行い、それ以外の国民や首相経験者の葬儀は国葬にしないのか」という平等原則の問題が生じる。これをクリアするには、「安倍氏」と「それ以外の国民」、あるいは「安倍氏の葬儀の喪主・参列者」と「それ以外の葬儀の喪主・参列者」を区別する理由を説明すればよい。

ところが、不思議なことに、〈国葬は故人その他に権利・利益を付与するものでないから、平等原則の適用にならない〉という言説が目についた。政府は、2022年12月22日に有識者への「意見聴取結果と論点の整理」報告書を発表しているが、その中でも、そうした主張が見られる。

平等原則は権利・利益の付与だけに適用される原則ではないし、政府は公益を実現するための組織なのだから、政府が行うあらゆる区別に合理的な理由が必要なのは当然だろう。なぜ、わざわざ平等原則の適用を避けようとするのか。

結局のところ、これも安倍氏とそれ以外の国民を区別する理由の説明が難事だからではないか。例えば、この点を説明しようと試みる人は、首相在任期間が長かったことを理由とすることが多い。しかし、権力者が長く居座ることは、必ずしも積極的に評価できることではない。それは、独裁をはじめとした政治の腐敗を招くリスクがあるからだ。首相在任期間の長さを讃える国葬を合理的と評価することは、政治家たちに「長期政権を目指すべき」とのモデルを与え、腐敗のリスクを高めてしまう。純粋に「権力の地位に長く就いた」という理由を真正面から掲げることは難しい。

もちろん、政治家としての功績の大きさを説明することも可能だったかもしれない。しかし、少なくとも今回の国葬は内閣が独断的に決定したもので、有識者らが功績を検討するなどの手続きを経ておらず、その評価はあまりに主観的だ。

「国葬に問題なし」と考える人がいるのは構わないが、彼らはその考えに至った理由を十分に他者に説明できるだろうか。公的機関の活動であるにもかかわらず、平等原則を無視することが許されるはずもない。平等原則の問題を正面から論じたくないという意識が働いたがゆえに、その論点を無視していないか、反省すべきだろう。

おわりに

夫婦別姓訴訟や同性婚訴訟は、「別姓婚や同性婚を正統な婚姻とみなしたくない」という差別感情と関わる。国葬の対象も、「国葬にすべき貴い命とそうでない命という区別を国が認定し、国民全体にそれへの共感を求めてもよい」という前提を置く。こうした差別を是正していくためには、平等原則からの問題提起が非常に有意義だ。

それにもかかわらず、近年、平等の主張から逃れて、区別の合理的理由の説明を避ける実践が目につくようになってきた。こうした傾向は、差別の解消を遠ざけてしまう。平等の主張に対しては、区別の存在を否定するのではなく、区別の理由を真正面から説明する実践を積み重ねるべきだ。理由が説明されない限りは、差別をあぶり出すことができなくなる。自己の中にある差別を直視しなければ、良い社会が築けるはずもない。

区別の事実に目を向け、その理由を考えることは、差別解消の最初の一歩となる。その最初の一歩をくじこうとする動きには十分に警戒すべきだろう。

あとがき

2020年の秋に、朝日新聞出版の松尾信吾さんから、『一冊の本』誌にて、差別に関する連載の提案を受けた。社会状況を肌で感じながら、「今まさに書かなくてはいけない」と思っていたテーマだった。多忙な時期で、執筆時間を確保するのには苦労したが、改めて自分の研究を振り返ったり、最新文献を読んだりする時間は、楽しく充実した時間だった。絶好のタイミングでお声がけしてくれた松尾さんに、心より感謝したい。

差別されない権利は、私が最初に研究テーマとした分野だ。その後も、差別に関わる事件を研究し、いくつかの訴訟では、この観点からの意見書も執筆した。こうした研究と経験が、本書の執筆にも活かされたと思う。

差別をしている人には、「悪いことをしている」とか「不当な差別をしている」といった自覚がないのが一般的だ。自覚のない人に「差別だ」と言っても、実りあるコミュニケーションにはならないだろう。差別を自覚し、止めてもらうには、何が必要なのだろうか。本書では、「許されない差別を糾弾する」ことよりも、「差別のしくみを分析し、どこにその悪性があるのかを解明し、問題解決の糸口を発見する」ことに努めた。本書が、差別する人に自覚を促す活動の一助になることを願っている。

最後になるが、差別という重いテーマに興味を持ち、一緒に考えてくださった読者のみな様に厚く御礼申し上げる。

木村草太（きむら・そうた）
1980年、横浜生まれ。憲法学者、東京都立大学教授。2003年、東京大学法学部卒業。同年、同大学法学政治学研究科助手を経て、2006年より首都大学東京（現東京都立大学）准教授。2016年より現職。専攻は、憲法学。朝日新聞論壇委員等を歴任。主な著書に『平等なき平等条項論』（東京大学出版会）、『憲法の急所（第2版）』（羽鳥書店）、『ほとんど憲法』（河出書房新社）、『憲法学者の思考法』（青土社）など。

朝日選書 1040

「差別《さべつ》」のしくみ

2023年12月25日　第1刷発行
2024年 9月30日　第4刷発行

著者　木村草太

発行者　宇都宮健太朗

発行所　朝日新聞出版
〒104-8011　東京都中央区築地 5-3-2
電話　03-5541-8832（編集）
03-5540-7793（販売）

印刷所　大日本印刷株式会社

Published in Japan by Asahi Shimbun Publications Inc.
ISBN978-4-02-263130-5
定価はカバーに表示してあります。

落丁・乱丁の場合は弊社業務部（電話 03-5540-7800）へご連絡ください。
送料弊社負担にてお取り替えいたします。

人がつなぐ源氏物語
藤原定家の写本からたどる物語の千年
伊井春樹
なぜ定家の「青表紙本」が決定版となったのか

ナショナリズムを陶冶する
ドイツから日本への問い
藤田直央
ドイツの理想と現実から見える「健全な」道標とは

貧困・介護・育児の政治
ベーシックアセットの福祉国家へ
宮本太郎
福祉政治論の第一人者が政策の構図を解き、活路を導く

巨大企業の呪い
ビッグテックは世界をどう支配してきたか
ティム・ウー／秋山勝訳
巨大企業が独占する現状を打開するための５つの方針

asahi sensho

国民義勇戦闘隊と学徒隊
隠蔽された「一億総特攻」
斉藤利彦
終戦直前の「国民皆兵」計画。新資料がその全貌に迫る

ようこそ地獄、奇妙な地獄
星瑞穂
説話や絵図とともに地獄を巡り、日本人の死生観を辿る

ごみ収集とまちづくり
清掃の現場から考える地方自治
藤井誠一郎
労働体験と参与観察を通し「ごみ」を巡る現代社会を映す

日本列島四万年のディープヒストリー
先史考古学からみた現代
森先一貴
先史時代の人々の行動を復元し、現代社会の問題を照らす

漱石と鉄道
牧村健一郎
鉄道を通じて何を語ったか。汽車旅の足跡をたどる

悪党・ヤクザ・ナショナリスト
近代日本の暴力政治
エイコ・マルコ・シナワ／藤田美菜子訳
暴力と民主主義は、絡み合いながら共存してきた

朝日新聞の慰安婦報道と裁判
北野隆一
問題の本質は何か、克明な記録をもとに徹底検証する

新・カウンセリングの話
平木典子
第一人者によるロングセラー入門書の最新改訂版

asahi sensho

海から読み解く日本古代史
太平洋の海上交通
近江俊秀
海人の足取りを復元し、古代太平洋航路の謎を解く

新危機の20年
プーチン政治史
下斗米伸夫
ファシストなのか？　ドストエフスキー的人物なのか？

日韓関係論草稿
ふたつの国の溝を埋めるために
徐正敏
三・一独立運動は、日本を責めない非暴力の訴えだった

新自由主義にゆがむ公共政策
生活者のための政治とは何か
新藤宗幸
政権主導で起きたのは、官僚制と公共政策の劣化だった